汽车智能座舱研发书系

汽车人机交互评价方法

龚在研　马　钧　著

机械工业出版社

本书聚焦于汽车人机交互的评价方法，旨在减少驾驶分心，降低操作负荷，优化体验设计，提升用户价值。本书内容分为三个部分。第一部分主要介绍汽车人机交互的发展及其评价的现状与挑战，指出行业中需要一套全面的、系统的、可量化的汽车人机交互评价方法，并提出了三维正交评价体系。第二部分是对评价指标的全面阐释与深度讨论。其中，第4章介绍了7个一级评价指标的由来。第5～7章介绍了3个理性的评价指标，分别是有用性、安全性、高效性。第8～11章介绍了4个感性的评价指标，分别是认知、智能、价值、审美。第三部分介绍了该套人机交互评价体系在汽车研发流程中的应用，包括实际使用方法，以及如何将测试评价与真实的产品研发流程相融合，实现高效的设计迭代。本书适合智能座舱及人机交互工程师和研究人员阅读使用，也可供智能网联汽车相关方向技术人员及车辆工程专业师生阅读参考。

图书在版编目（CIP）数据

汽车人机交互评价方法/龚在研，马钧著. —北京：机械工业出版社，2022.10

（汽车智能座舱研发书系）

ISBN 978-7-111-71594-8

Ⅰ.①汽…　Ⅱ.①龚…②马…　Ⅲ.①汽车工程-人-机系统-评价　Ⅳ.①U461

中国版本图书馆 CIP 数据核字（2022）第 171249 号

机械工业出版社（北京市百万庄大街 22 号　邮政编码 100037）
策划编辑：孙　鹏　　　　责任编辑：孙　鹏　丁　锋
责任校对：肖　琳　王　延　封面设计：鞠　杨
责任印制：张　博
北京建宏印刷有限公司印刷
2023 年 1 月第 1 版第 1 次印刷
169mm×239mm · 12.5 印张 · 1 插页 · 254 千字
标准书号：ISBN 978-7-111-71594-8
定价：99.00 元

电话服务　　　　　　　　　网络服务
客服电话：010-88361066　　机　工　官　网：www.cmpbook.com
　　　　　010-88379833　　机　工　官　博：weibo.com/cmp1952
　　　　　010-68326294　　金　书　网：www.golden-book.com
封底无防伪标均为盗版　　机工教育服务网：www.cmpedu.com

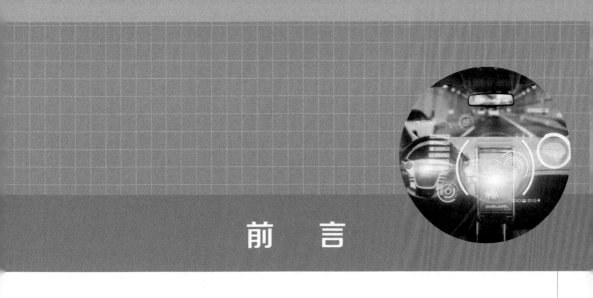

前　言

我们正在见证汽车产业 130 多年来前所未有的变革。电动化改变了汽车最基本的工作原理，电池和电机成为汽车的技术核心，而内燃机与变速器则光芒不再。智能化改变了汽车价值的判断逻辑，软件和体验支撑起了新一代汽车的价值，而功能与配置的数量只能作为锦上添花。电动化与智能化的浪潮交织在一起，共同推进着汽车产业的变革。

汽车人机交互作为汽车智能化的重要组成部分，站在了这场变革的聚光灯下。汽车人机交互在中国有着肥沃的生长土壤。相关政策的不断出台为汽车智能化的发展奠定了基础，互联网行业的蓬勃发展为智能汽车的开发提供了宝贵经验，手机等智能产品的普及为汽车智能体验培养了用户习惯，新势力汽车品牌的快速壮大催生了敏捷高效的人机交互开发与迭代方法。预计到 2025 年，中国市场上拥有完整人机交互功能的智能座舱渗透率将超过 80%，领先全球。

海上的航船需要灯塔指引方向。中国汽车人机交互发展的灯塔是什么？国外汽车企业不再是我们的灯塔。中国汽车人机交互的体验水平已经超越了大多数的传统国际汽车品牌，中国产品反过来成为国外品牌的学习对象。智能手机不再是我们的灯塔。智能汽车在学习了手机的交互方式和应用生态之后，又要面临减少驾驶分心、适应用车场景、打造沉浸空间等新的挑战，但智能手机并没有应对这些新挑战的经验。所以，能够指引中国汽车人机交互发展的灯塔只有一个，就是方法本身。长期以来，中国汽车产业都处在行业追随者的位置，学习领先者就是最高效的研发方法。但在人机交互领域，中国汽车产业已经成为领先者，就必须找到属于自己的产品正向研发方法，摆脱"创意有余、章法不足"的困境。我们需要产品定义方法来推演下一代产品的形态，需要场景研究方法来定位用户体验流程中的痛点，需要交互设计方法来满足用户的审美与价值取向，需要软件开发方法来实现高效的OTA 升级迭代，也需要人机交互评价方法来寻找产品中的问题，并提出改进建议。

本书聚焦于汽车人机交互的评价方法，旨在减少驾驶分心，降低操作负荷，优化体验设计，提升用户价值。

本书内容分为三个部分。第一部分是第 1~3 章，主要介绍汽车人机交互的发展及其评价的现状与挑战，指出行业中需要一套全面的、系统的、可量化的汽车人机交互评价方法，并提出了三维正交评价体系。该结构的评价体系将所有评价条目纳入由交互任务、交互模态、评价指标三个维度所构成的空间矩阵之中，在评价汽车人机交互这一复杂系统时，做到了无遗漏、不重叠、可拓展。

第二部分是第 4~11 章，是对评价指标的全面阐释与深度讨论。其中，第 4 章介绍了 7 个一级评价指标的由来。第 5~7 章介绍了 3 个理性的评价指标，分别是有用性、安全性、高效性。每一章都针对一个一级评价指标，介绍相关理论的发展，阐释所包含的二级评价指标，并结合实际车辆的测试经验对人机交互设计中常见的问题展开讨论。第 7 章的最后还对各类交互任务所应匹配的交互模态给出了详细的建议。第 8~11 章介绍了 4 个感性的评价指标，分别是认知、智能、价值、审美。其中，价值与审美是两个非常主观的指标，在以往的研究中很难被纳入标准化的评价流程。本书基于霍夫斯泰德跨文化研究理论将中国用户的普遍价值进行了归纳，基于界面设计中象征手法的研究将汽车人机交互的典型审美取向进行了整理，使这两个主观指标在一定程度上实现了评价的标准化。

第三部分是第 12 章，介绍了该套人机交互评价体系在汽车研发流程中的应用，包括实际使用方法，以及如何将测试评价与真实的产品研发流程相融合，实现高效的设计迭代。

人车关系实验室（HVR Lab）团队长期专注于汽车人机交互的评价方法研究。2009 年，团队开始了针对座舱内功能的用户访谈研究。2014 年，团队与 PSA 集团共同利用可自定义的模拟驾驶座舱进行可用性测试（usability test），探索汽车人机交互的未来趋势。那时，人机交互在中国的汽车行业中尚不被重视，大多数汽车企业没有专门负责人机交互的部门，可用性测试的概念在行业内也鲜有人知。来自 PSA 法国的人机交互研究与测试方法让我们受益良多。2018 年，团队开发出了面向量产车型人机交互的评价体系与测试方法，与斑马智行合作对市场上十余款优秀的产品进行了全面测评，并公开发布了测试结果。同年，上海啄一智能科技有限公司（AMMI）成立，全面推进智能座舱研究与人机交互评价的产业化。这套评价体系经过近 5 年的持续发展，变得更加全面、更加完善，成为本书所介绍的汽车人机交互评价方法。

在这套评价方法的开发过程中，一些来自汽车产业的合作伙伴给了我们许多建议，帮助我们把这套方法打磨得日渐成熟，包括保时捷中国、PSA 集团、斑马智行、上汽大众、大众汽车中国、宝马中国、长城汽车等。此外，一些海外专家在非汽车领域的跨文化研究成果也为这套方法的形成提供了重要启示，特别是美国的 Aaron Marcus 教授和葡萄牙的 Paulo Finuras 教授。在此一并表示感谢。

啄一智能（AMMI）与人车关系实验室（HVR Lab）的许多同事都参与了这套评价方法的研究，并对本书的撰写做出了贡献。其中，刘大川、陆金、王小斌、胡芬等深度参与了评价体系的构建。陆金参与了第8章、第11章内容的整理与校对。

目前，中国汽车智能座舱与人机交互产业正在蓬勃发展之中，汽车企业、行业协会、学术组织、测评机构都将目光聚焦于此。啄一智能（AMMI）与人车关系实验室（HVR Lab）作为该领域最早的研究团队之一，正在不断推进这套评价体系在产业中的应用。目前，基于此评价体系的中国汽研（CAERI）"智能座舱交互体验"测试认证已经开始执行。基于此评价体系的中国汽车工业协会《汽车智能座舱交互体验测试评价规程》已经制定完成，即将发布。未来，团队也将在研究领域进一步探索，为机械工业出版社"汽车智能座舱开发书系"贡献更多有价值的书籍。希望这些评价方法与实践经验能够帮助中国汽车人机交互朝着更加有序、创新、可持续的方向发展。

龚在研，马钧

2022 年 12 月，于上海

特别提示： 本书附带同济大学人车关系实验室负责人龚在研博士三次在线课程，分别是"汽车人机交互评价体系概况""汽车人机交互安全性的评价""汽车人机交互文化与价值的评价"，总长约 150 分钟。

获取方式：

通过封底"刮刮卡"提示操作即可获取课程！

《汽车人机交互评价方法》课程空间码

目　录

第1章

人机交互是汽车发展的重要方向

1.1　人机交互与汽车人机交互

1.1.1　什么是人机交互

人机交互是一门研究供人们直接使用的交互式机器系统的设计、评价、实施及其他相关现象的学科。

人机交互的英文是 Human-computer interaction，缩写 HCI，即人与计算机的交互，或者是 Human-machine interaction，缩写 HMI，即人与机器的交互。理论上讲，机器的范围大于计算机的范围，即 HMI 的范围大于 HCI 的范围，但纯机械的交互系统（如老式保险柜的密码锁）在生活中变得越来越少，也不是人机交互研究的重点。因此，无论是学术研究还是工程应用领域，HCI 与 HMI 的范围通常都是一致的，不需要做区分。在汽车相关的人机交互领域，人们通常习惯性地使用 HMI 这一说法。

人机交互适用于各个领域，不仅包括计算机、手机、汽车，还可以包括家用电器、工业设备、公共场所的大型互动设备。因此，人机交互的定义有一定的模糊性。仅对于汽车而言，我们完全可以做出更加精确的定义，明确汽车人机交互包括什么，不包括什么。

1.1.2　什么是汽车人机交互

汽车人机交互是用于实现人与汽车之间传递动态的信息和情感的系统，驾驶主任务除外。

传递信息是汽车人机交互最基本的作用。信息既包括驾驶员或乘客输入给汽车的指令，也包括汽车输出给驾驶员或乘客的文字、图像和语音等内容。例如，在设置导航目的地的任务中，人与车之间传递的信息主要可以包括：驾驶员用语音说出"导航到×××目的地"；中控屏上显示出相关的目的地列表；驾驶员用手指点击这个列表中正确的地址；开始导航，中控屏上显示行驶方向的指引。在进行具体交互设计的时候，这个例子中所提到的每一步的信息，还需要拆分到更加细致的程度。

传递情感是汽车人机交互中较晚产生的一类应用。用来传递情感的交互，通常并不包含明确的信息，或者只包含非常少量的信息，但它可以用较为复杂的形式来传递情感。这些情感可以是科技感、豪华感、温馨舒适的感觉、自然放松的感觉，甚至可以是更加具体和明确的情感。传递情感的交互主要有车内动态的氛围灯光、屏幕上渲染氛围的动画等。在其他领域的人机交互中，情感传递的交互通常不被重视，但它在汽车人机交互中的作用十分重要，并且重要程度会越来越高。

无论是信息还是情感，它们必须是动态的，才能符合汽车人机交互的定义范畴。例如，迎宾踏板上的一行文字虽然是信息，但它是静态的，不属于人机交互；座椅上精美的缝线虽然烘托了豪华的氛围，但它也是静态的，不属于人机交互。

汽车人机交互不包括驾驶主任务，即驾驶汽车本身的基本过程。具体而言，就是不包括方向盘的位置、尺寸，驾驶时的转向手感，也不包括离合器踏板、加速踏板和制动踏板的脚感，还不包括手动挡车型换挡的手感。其实，驾驶主任务当然也需要人与车之间的沟通，而且这些沟通不仅决定了一辆车的驾驶特性，还可能影响驾驶安全。然而，驾驶主任务中的交互是汽车动力性与操控性的组成部分，在汽车研发中由动力总成和底盘的相关部门负责。汽车人机交互作为汽车中的新兴领域，没有必要将这个已有百年发展历史的领域纳入其中。此外，有些与驾驶主任务相关度很高的功能，处在汽车人机交互定义的模糊地带。在传统的设计下，它们通常不被纳入汽车人机交互的研究范围，例如自动挡车型的挡位选择、转向柱上的转向灯拨杆、刮水器拨杆等。但是，如果这些功能使用了创新的操作方式，汽车人机交互的研究者也应当对它们有所关注，例如旋钮式换挡、中控屏内的刮水器控制等。

根据上述定义，汽车人机交互的范围是可以被拓展的。例如，一个没有任何动态效果的车内氛围灯条，不属于人机交互的范围，可一旦它能够随着导航指引的方向显示出流动的效果，那么这个灯条就属于人机交互的范围了。在进行汽车人机交互的研究与设计时，我们不应该仅仅将注意力局限在相对传统的按键、屏幕、语音控制上，也可以去思考如何将更多的功能和硬件纳入人机交互的范围中来。

1.2 汽车人机交互的发展过程

1.2.1 发展历史

在过去的 100 年时间里，汽车人机交互的功能逐步扩展，普及度渐渐提高。而在 2010 年至今，汽车人机交互迎来了前所未有的快速发展，成为汽车产品中最重要的模块之一。

从 20 世纪 20 年代开始，无线电收音机进入了汽车座舱。1923 年，美国车身制造商 Springfield 和英国 Daimler 为汽车提供原装的收音机，价格高达车辆价格的约 25%。驾驶员需要使用旋钮来调节音量和频道。30 年代晚期，车载收音机出现了用按键选择电台的交互方式。1966 年，福特 Thunderbird 首次将按键设置在了方向盘的辐条上，用来控制定速巡航，如图 1.1 所示。随后便有越来越多的电子元器件加入到了车载系统中，例如车载电话、无线电通信设备和卫星导航等装置的集成，使汽车座舱实现了电子电气化。20 世纪 70 年代开始，虚拟显示单元逐步被广泛应用在大众生活的方方面面。1986 年，美国通用汽车公司推出别克 Riviera 汽车，搭载了可触摸中控屏"图形控制中心"，如图 1.2 所示，以中控屏为控制中心的人机交互系统初见端倪，但由于当时电子与通信技术还不够发达，人机交互的中控屏并未迅速普及。1999 年，德国戴姆勒公司推出梅赛德斯-奔驰 S 级轿车，带有一块非触摸式的彩色中控屏，被称为"Command 系统"，成为车载中控屏快速发展的起

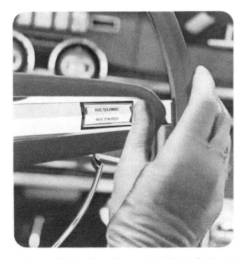

图 1.1 福特 Thunderbird（1966 年）的方向盘按键（来源：Ford Motor Company）

点，如图 1.3 所示。

图 1.2　别克 Riviera（1986 年）的可触摸中控屏"图形控制中心"

（来源：General Motors Company）

图 1.3　梅赛德斯-奔驰 S 级（1999 年）的非触摸式中控屏

"Command 系统"（来源：Mercedes-Benz Group）

进入 21 世纪 10 年代，汽车人机交互开始快速发展。2011 年，基于 Nuance 语音识别技术的福特 Sync 系统可以支持超过 1 万条语音控制指令，标志着语音控制开始从简单的机械式指令走向自然语言理解。2012 年，特斯拉推出了其首款大规模量产的车型 Model S。它的中控区域只有一块 17in（1in = 25.4mm）触摸屏，集成了更多互联网内容，也取代了传统中控区域的按键和旋钮，标志着中控屏成为车内人机交互的核心，如图 1.4 所示。2016 年，上汽集团发布了定位为"全球首款量产互联网汽车"的荣威 RX5。它搭载了由上汽与阿里巴巴联合打造的斑马操作系统，让地图和娱乐内容真正做到实时在线，提出了地图为桌面的交互框架，拥有了能够理解自然语言的语音控制系统，并且连续多年为用户提供系统远程升级服务，如图 1.5 所示。2020 年之后，人机交互已经成为几乎所有汽车产品的重要功能模块，是消费者选择汽车最重要的考虑因素之一。2021 年，在中国新发布和新改款的乘用车中，可触摸式中控屏的渗透率达到 92.5%，语音控制达到 86.0%。即便是 5 万元左右的低端车型，一般也会配备中控屏幕和语音控制系统。

图 1.4 特斯拉 Model S（2012 年）的 17in 中控大屏（来源：Tesla, Inc.）

图 1.5 荣威 RX5（2016 年）搭载斑马操作系统（来源：上汽荣威）

1.2.2 主流产品形态

汽车人机交互的发展也是对人类感官通道的拓展。按键使用了人少量的视觉和触觉，中控屏大大拓宽了视觉通道所传达的信息量，语音控制则将听觉的通道充分利用起来。这一发展过程提升了交互的效率，体现出了"以人为本"的设计进化思维。

当前，一辆典型汽车的人机交互系统由中控屏、仪表屏、中控区域按键、方向盘按键、语音控制系统等组成，如图1.6所示。中控屏是大多数汽车人机交互系统的核心设备。利用层级结构的设计，它可以用有限的面积显示几乎无限的信息。可触摸的屏幕操作非常直观，它既是输入设备，也是输出设备。仪表屏由传统汽车的机械式仪表演变而来。除了显示传统仪表的行车必需信息，仪表屏还可以显示地图、导航、音乐等内容，让驾驶员更加高效地了解这些信息。中控区域按键是传统汽车人机交互最重要的组成部分，但随着中控屏尺寸的增大和功能的扩充，越来越多的实体按键被中控屏所取代，甚至有些车辆已经完全没有中控屏区域的按键了。方向盘按键可以让驾驶员在手掌不离开方向盘的情况下，只移动拇指就能够进行操作，提升了便利性与安全性。语音控制在汽车人机交互中扮演着越来越重要的角色，它的交互方式更加自然，和人与人之间的交谈非常相似。一些车型已经可以通过语音控制座舱内几乎所有的功能。

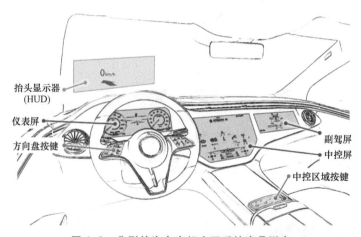

图1.6 典型的汽车人机交互系统产品形态

此外，有些车辆的人机交互系统还包括抬头显示器（HUD）、下控屏、副驾屏等。抬头显示器通过光线反射将信息以虚像的形式投在风窗玻璃之外。驾驶员可以在视线不离开道路的情况下，阅读这些信息，从而提升驾驶安全性。抬头显示器使用增强现实（AR）技术之后，还可以将虚拟的图形叠加在真实的道路上，让驾驶员在正前方看到更加丰富、直观的信息。下控屏是在中控屏下方的屏幕，用来取代大部分或全部的中控区域按键。下控屏内的层级结构较为简单，使用逻辑更加接近按键，而非中控屏。副驾屏为前排乘客显示信息，包括音乐、视频、游戏等。前排乘客不需要开车，可以全神贯注地使用副驾屏，所以其功能和体验与平板电脑更加接近。

广义的人机交互还包括车门上的升窗按键、座椅侧面的调节按键、转向柱上的灯光拨杆等。这些功能相对独立，不同车型间的设计没有显著差异，所以通常不是汽车人机交互的主要研究对象。

1.2.3　未来发展趋势

汽车人机交互在不断进化之中。未来，更多的交互模态将被引入车内，例如隔空手势控制、眼动控制、表情控制，甚至利用脑机接口的意念控制。更多的模态都在拓展汽车人机交互的边界，带来新的可能性。不过在短期的未来，这些新型交互模态所传递信息的密度和精度比较有限，所以它们主要是对现有人机交互系统的拓展，而不会完全取代中控屏、语音等当今的主流交互模态。此外，与驾驶和出行相关的信息越来越多，却并不意味着用户需要处理的信息也必须同步增加。场景化、主动化的交互可以化繁为简。汽车人机交互系统基于特定场景，应当能够主动地筛选用户可能需要的选项，并且只将这些选项呈现给用户，让交互体验更加轻松。场景化、主动化的交互表面上会拥有更加简单的界面，但其背后需要强大的信息与算法的支撑。

汽车人机交互发展的本质是将线上的数字世界与线下的真实世界不断打通。中控屏的出现是利用车内数字信号去控制车辆的实体功能，语音交互的出现是借助车外云端的数字处理能力理解用户对真实车辆控制的需求，在线地图和生态服务则是利用数字化的屏幕引导用户前往真实世界中的目的地……未来，增强现实、元宇宙等数字概念也会进入座舱，让用户更加顺畅地在数字世界与真实世界之间无缝穿行。

1.3　我国汽车人机交互的发展动力

汽车人机交互在我国有着强大的发展动力，包括政策的支持、企业赶超的意愿、用户需求的拉动。

1.3.1　政策支持

智能网联技术既是我国汽车产业发展的重要战略方向，也是汽车消费者购车时的重要考虑因素。2018 年，为了促进智能网联汽车的发展，工信部等国家部委先后出台了《智能网联汽车道路测试管理规范》和《车联网（智能网联汽车）产业发展行动计划》。2020 年，国家 11 部委联合印发《智能汽车创新发展战略》，明确了我国发展智能汽车的战略愿景和主要任务。同时，我国消费者在选购汽车产品时，也开始日益重视汽车的智能网联技术能力。

汽车人机交互是智能网联汽车的重要组成部分。它不仅为驾驶员及乘客提供智能化的导航、娱乐、通信等信息，同时也是自动驾驶系统、V2X 车联网系统与驾驶员沟通的界面。政策的支持一方面会加快人机交互系统相关的车载高精度传感器、车规级芯片、智能操作系统、车载智能终端、智能计算平台等软件和硬件技术的发展，另一方面也将促使汽车人机交互体验设计的不断进步。

1.3.2　我国车企赶超的机遇

2015 年以来，我国本土汽车企业发展迅速，在产品性能、产品均价、市场占有率等方面均有显著提升。相比传统燃油汽车，新能源汽车市场无疑是我国车企最重要的突破口。2021 年，我国市场上本土汽车品牌的占有率为 44%，而在新能源汽车领域，市场占有率则高达 76%。

当前的新能源汽车几乎全部是电动汽车。用户如何理解电动汽车？它与燃油车有区别吗？如果电动汽车的核心是一个交通工具，那么它与燃油车就没有本质的区别，只是简单的替换。如果电动汽车的核心是一个智能设备，那么它与燃油车就划清了界限。在我国，消费者给出的答案是后者。电动汽车是一个智能设备，它是比燃油汽车高一个层次的存在。虽然没有人规定电动汽车必须智能，但消费者心中的认知已经将电动化与智能化牢牢地捆绑在一起。例如，在一些用户看来，20 万元的电动汽车理应能够在中控屏上播放视频，但他们对 50 万元甚至更贵的燃油车却没有这样的期待。由此可见，中国汽车品牌要赶超国际品牌，就要以人机交互体验作为重要的产品亮点，把电动汽车市场作为突破口，并以此为基础将优势继续扩大至燃油车领域。而对于国际品牌，也要把人机交互体验做到足够高的水准，才能够避免市场份额的流失，争取更多的用户。

无论是人机交互还是自动驾驶，都需要通过大量的真实使用数据来训练算法，才能够不断提升智能化水平。进入市场更早、市场占有率更高的企业掌握着更多的数据，也就拥有更大的算法优化潜力。这种商业逻辑与汽车的发动机、底盘非常不同。这些传统总成的研发在产品上市之前就全部完成了，基本不需要依赖产品上市后的数据再进行迭代。因此，汽车企业需要在人机交互领域尽早取得优势，获得更多的用户，才能为后续的发展积累充足的数据资源。

1.3.3 用户对体验的需求

用户对汽车的体验有着全方位、多层次的需求。汽车人机交互是汽车体验创新的核心之一，在购车和用车阶段受到消费者的高度重视。

2010 年之前，消费者在选择汽车产品的时候主要关注参数和配置，例如发动机的排量、加速时间、音响扬声器的数量、有没有导航等。而随着智能手机的普及，用户体验的概念逐步深入人心。早期的苹果 iPhone 智能手机在屏幕尺寸、电池续航、相机分辨率等参数方面都并不领先，但它却创造出了优秀的用户体验，在市场上取得了巨大的成功。近年来，消费者开始通过用户体验的视角来看待汽车座舱。一方面，人们不仅追求硬件参数和功能数量，同时还希望系统运转流畅、易于理解、操作高效、界面美观。另一方面，人们也冲破了以往汽车座舱设计的思维定式，敢于质疑传统，接受创新。中控屏能取代所有按键吗？汽车必须要有仪表吗？车内屏幕只服务于驾驶员吗？方向盘必须是圆形的吗？这些在几年前从来没有人提出过的问题，都在成为当今行业的讨论热点。

更深层的体验还能够拉近人与车之间的关系。汽车不仅是一个交通工具，也是人们生活空间的一部分，甚至还会被很多用户视为伙伴和家人。汽车人机交互能够塑造这样的关系，并让这种关系更加具象，容易被感知到。例如，语音助手如果在问候车主的时候展示出一个微笑的面容，无疑可以更好地传递汽车的生命力与亲和力。

第2章

汽车人机交互测试评价概况

2.1 汽车人机交互评价的发展

汽车人机交互的评价是一个新兴的研究领域。它的研究基础主要来自于汽车人因工程以及非汽车领域的人机交互系统可用性研究。

2.1.1 汽车人因工程

人因工程学（human factors）是心理学理论在工程和设计领域的应用。汽车人因工程主要研究驾驶员在驾驶车辆时候的心理学模型、行为与错误、工作负荷、对技术的信任等问题。汽车人因工程与汽车人机工程（ergonomics）所研究的范围有相似之处，但后者更偏向于人体的坐姿、视野、动作便利性等问题。

汽车人因工程学起步较晚，从 20 世纪 90 年代才开始在学术研究领域形成体系化的结构。Walker 在之前 McKnight 等人的研究基础上，提出了完整的驾驶层次任务分析（HTAoD），是当今最详细的驾驶任务分析框架。驾驶任务层次最高级别的任务由 6 个一级子目标来定义，6 个一级子目标又由 1600 项二级子任务和操作来定义。所有这些都通过 400 个包含子任务逻辑运算的任务计划结合在一起。驾驶层次任务分析的最上层子任务划分如图 2.1 所示。

汽车人因工程不仅要研究行为，还要通过心理学模型来探究行为背后的机制。Stanton 建立了驾驶行为的心理学模型，包括了反馈、信任、控制点、脑力负荷、应激反应、情境意识、心理表征 7 个因素，其关系如图 2.2 所示。其中，反馈是驾驶员输入后得到的结果反馈；信任主要指车辆表现的可预期性；控制点是人们将事件的成因归为内部或外部因素的程度；脑力负荷是对驾驶员脑力的占用程度；应激

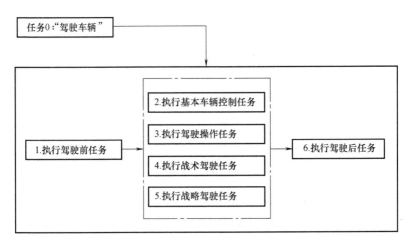

图 2.1 驾驶层次任务分析（HTAoD）的最上层子任务划分（引用自 Walker，2015）

反应是因为驾驶本身或生活其他方面变化而引起的情绪状态；情境意识是驾驶员某一时刻在整体道路运输系统中为执行驾驶任务而激活的知识；心理表征是驾驶员内心建立的用于理解和推理的模型，有时它与真实情况有所差别。

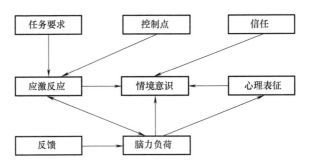

图 2.2 驾驶行为心理学因素间关系的假设模型（引用自 Stanton，2000）

驾驶分心（driver distraction）是汽车人因工程的一个细分研究领域。作为道路交通事故的重要原因之一，它的研究历史可以追溯到 20 世纪 60 年代。驾驶分心的来源是复杂的、多样的，可以是自愿的或不自愿的，可以是车内的或车外的，可以是外部事件或内心想法。分神、吃东西、交谈、使用手机、使用汽车人机交互系统都是驾驶分心的来源。

由于汽车人机交互系统从 21 世纪 10 年代才开始快速发展，关于它的研究在汽车人因工程领域还处于起步阶段，尚未形成完整的、系统化的理论体系。一些早期的汽车人机交互研究主要侧重于阅读仪表、跟随导航引导等与驾驶本身强相关的任务，而并没有全面地覆盖当前主流的人机交互产品范围。

2.1.2 可用性评价

与智能手机、计算机、家用电器一样，汽车人机交互也是一种人机交互系统。各类人机交互系统的可用性（usability）研究方法同样适用于汽车人机交互。在学术领域，可用性的概念起源于20世纪70年代。经过研究者对其评估方法和应用的不断完善，可用性评价已经成为交互式电子产品和交互系统的重要评价方法。

很多研究者将可用性的研究聚焦于其中的具体指标。Nielsen提出可用性是指用户能够很好地使用该系统的功能，具体包括易学性、高效性、可记忆性、出错和主观满意度5个要素。当一个交互系统在这5个要素都有很好的表现水平时，就可以被认为具有高的可用性。其中，易学性是指用户能够用较少的时间和精力学习使用并完成相应操作；高效性是指用户能够高效地达成操作目标；可记忆性是指系统功能的使用方法不容易被忘记；出错是指用户在使用时的出错频率；主观满意度则是指在使用过程中，用户的主观感受和接受程度。Hartson提出可用性包含有用性和易用性两个方面，其中有用性是指产品的功能能否实现，易用性是指交互效率、易学性和用户的主观满意度。国际标准ISO 9241所定义的产品可用性是指用户在特定的使用场景下，为了达到特定的目标而使用某产品时，所感受到的有效性、高效性、满意度。此外，还有很多其他研究者对可用性提出了不同的指标定义，见表2.1。

表2.1　不同研究者提出的可用性指标定义

研究者	可用性指标
Jakob Nielsen	易学性、高效性、可记忆性、出错、满意度
Rex Hartson	有用性、易用性（效率、易学性、满意度）
Nigel Bevan/ ISO	有效性、高效性、满意度
Brian Shackel	易学性、有效性、态度、灵活性
Stanton 和 Baber	感知有用性、任务匹配、任务特性、用户条件
Donald Norman	利用常识、任务结构简单、事物可见、映射正确、使用自然力量和人为约束、容错的设计、标准化
Ben Shneiderman	学习时间、运行速度、出错率、留存率、主观满意度

在典型的可用性测试（usability test）过程中，被测用户会在使用交互产品之后，回答一份主观问卷量表，将自己的感受反馈给研究者。系统可用性量表（System Usability Scale，SUS）就是一种常见的量表，见表2.2。它由10个标准问题组成，其中5个为正向问题，5个为负向问题。每个问题的计分形式采用5分制的李

克特量表（Likert scale）。此外，任务负荷指数（NASA TLX）量表也被广泛使用。它包括 7 个主观性问题，涉及脑力需求、身体负担、时间需求、任务绩效、努力程度和挫败感。SUS 和 NASA TLX 都适用于所有产品的可用性测试，包括汽车人机交互系统。

然而，对于驾驶过程中的人机交互而言，其涉及的驾驶安全是一个客观存在的问题，而不仅仅是驾驶员的主观感受，所以 SUS 和 NASA TLX 等主观化的量表并不能全面地评价汽车人机交互。对汽车人机交互的评价应当将非汽车行业的可用性评价方法与汽车人因工程深度结合起来。

表 2.2 标准的 SUS 量表

		非常不同意				非常同意
		1	2	3	4	5
1	我愿意使用这个系统					
2	我发现这个系统过于复杂					
3	我认为这个系统用起来很容易					
4	我认为我需要专业人员的帮助才能使用这个系统					
5	我发现系统里的各项功能很好地整合在一起了					
6	我认为系统中存在大量不一致					
7	我能想象大部分人都能快速学会使用该系统					
8	我认为这个系统使用起来非常麻烦					
9	使用这个系统时我觉得非常有信心					
10	在使用这个系统之前我需要大量学习					

2.2 汽车人机交互测试方法

2.2.1 驾驶次任务测试

汽车人机交互中的常用任务通常都是驾驶次任务，即需要驾驶员一边驾驶车辆一边进行操作。驾驶次任务的研究主要采用三种试验方法，分别是自然驾驶研究（naturalistic driving study，NDS）、实路操作测试（field operational test，FOT）和驾驶模拟（driving simulation）。

自然驾驶研究（NDS）中，驾驶员驾驶车辆在真实用车场景下行驶。试验过程的数据记录是在不干扰驾驶员正常驾驶的前提下进行的，其目的是获取最贴近驾驶员自然生活的驾驶行为数据。自然驾驶研究提供了一个独特的机会来研究驾驶员在现实世界中的行为和表现，以及实际驾驶过程中的后果和风险。为了实现对驾驶数据的采集，在不干扰驾驶员正常驾驶且在保护驾驶员隐私的前提下，会在车上安装传感器等设备采集车辆动力学、车辆位置、驾驶员行为等数据和行车过程的音频、视频。自然驾驶研究的方法被广泛应用在驾驶员行为相关的研究中，比如驾驶行为分类（激进的、正常的、谨慎的驾驶风格）、驾驶分心研究、疲劳和醉酒驾驶相关研究、跟车模型的评估。自然驾驶研究的主要优点是它能够获取到数个月或数年较长时间的驾驶员日常驾驶行为数据，并可以消除驾驶者因感觉被观察或处于测试环境而调整其行为的可能性。

在将汽车人机交互作为驾驶次任务的研究中，自然驾驶研究方法存在局限性。首先，驾驶员在自然驾驶过程中没有过多约束，在完成驾驶任务时可能不够专注。实际驾驶环境复杂，其他交通参与者对于驾驶员行为存在干扰。以上两种不确定性无法完全排除，因此难以明确剥离出仅由人机交互所带来的驾驶干扰。在多数基于自然驾驶的次任务研究中，人机交互通常只作为其中的一种次任务出现，而不会被深度拆解和分析。第二，由于驾驶安全性和伦理问题等限制条件，自然驾驶研究中也不能出现可能威胁驾驶安全的复杂任务，这限制了它的研究范围。第三，为了不影响驾驶员正常驾驶，自然驾驶研究通常不会配备复杂的数据采集设备，导致数据记录的种类有限，例如无法对驾驶员的眼动等生理数据进行监测，也难以对车辆进行分米级或厘米级的定位。此外，自然驾驶研究的测试时间很长，数据量巨大，需要很大的时间、人力和资金投入。

实路操作测试（FOT）是较大规模的场地测试项目，主要用于评估汽车相关解决方案（如导航和交通信息系统、驾驶辅助系统）的效率、质量、鲁棒性和接受度。实路操作测试一般使用固定的驾驶路线，而非自由驾驶，条件允许的话最好在专业的封闭式测试场完成。测试场景和测试用例要遵循详细的测试规程，力求做到测试过程的标准化。实路操作测试的车辆可以配备复杂的数据采集设备，例如眼动仪、DRT（检测-响应任务）测试设备、高精定位设备等，从而获取比自然驾驶研究更加丰富的数据，如图 2.3 所示。

在将汽车人机交互作为驾驶次任务的研究中，实路操作测试拥有标准化的测试流程和丰富的测试数据，因此能够对人机交互造成的驾驶分心进行细致的分析，并且可以将每一次驾驶分心行为进行溯源，精确判断人机交互设计中的问题。但是，实路操作测试对场地和操作流程的要求很高。如果试验设计不够周到，阳光角度的

图2.3　搭载高精定位设备的车辆在封闭场地进行测试

变化、路面的起伏都有可能对试验结果造成影响。所以理想情况下的实路操作测试成本很高，周期也较长。此外，实路操作测试将测试内容进行抽象化和标准化，并不会完全还原出完整的真实用车场景。因此，在一些创新场景和长时间连续场景的研究中，实路操作测试并不能完全取代自然驾驶研究。

　　驾驶模拟（driving simulation）是在相对静止的环境下，利用计算机模拟和图像显示，让驾驶员驾驶虚拟车辆的研究方法，常被用来进行驾驶行为研究和驾驶次任务研究。驾驶员对虚拟车辆的控制通过专门的方向盘、踏板实现。这些硬件设备将数据传输至负责场景运行的计算机，计算机根据输入数据将相应的场景变化再通过视频、音频、振动等方式反馈给驾驶员。车辆行驶过程中的各种动力学数据可以从模拟驾驶软件中直接读取，而眼动仪、摄像头等设备也常被用来记录驾驶员的生理状态。驾驶模拟器按照设备复杂度和体验沉浸感可以分为三类。简易驾驶模拟器由显示器、计算机、方向盘、踏板、可交互屏幕等组成，通常没有完整的座舱结构和内饰设计。静态座舱驾驶模拟器由真实的车辆座舱改造而来，会使用实车的仪表台、内饰板、方向盘、座椅等座舱结构，通常也会使用实车的车身和车门。虚拟驾驶环境通常用投影设备投射在大尺寸的环幕上，以实现全景的沉浸感，如图2.4所示。多自由度全景驾驶模拟器拥有一个多自由度的模拟舱。舱内放置由实车改装而来的座舱，并拥有接近360°的全景环幕，如图2.5所示。模拟舱会随着车辆的加减速和转弯而倾斜和移动，让驾驶员体验到接近真实道路驾驶的加速度感受。近年来，虚拟现实（VR）头盔技术的发展带来了一种全新的驾驶模拟方式，但VR头盔模拟驾驶在科学研究中尚未被广泛应用。

　　驾驶模拟有很多优点。首先，驾驶员在模拟场景中驾驶车辆，不会发生真实的碰撞事故，可以绝对保证测试的安全性。那些拥有潜在安全性隐患的测试可以在驾

图2.4 静态座舱驾驶模拟器

图2.5 同济大学8自由度全景驾驶模拟器（来源：AVSimulation）

驶模拟器上进行，而常常无法在实路操作测试和自然驾驶研究中进行。其次，驾驶
模拟的场景设置有很高的自由度。研究者可以根据测试需求灵活地设计道路宽度、
车道数、道路坡度、道路铺装类型、道路附着系数、车流密度、天气情况等参数。
特定的触发事件也容易创建和重复。标准的道路场景可以避免真实道路环境下由于
路面磨损、天气变化、事件触发时机等所带来的测试结果偏差。此外，驾驶模拟的
测试效率很高，可以省去实路操作测试中数据采集设备安装调试的时间以及在不同
路线之间来回转场的时间。驾驶模拟试验中有两个常见的问题。一是由于显示器位
置和画面设置不合理，导致相同物体在画面中占据的视角与真实驾驶场景存在显著
差异。视角的差异会影响驾驶员在模拟驾驶过程中对速度的感知。过小的视角会让
驾驶员的速度感减弱，从而降低了驾驶任务的难度。为了还原真实的视角，驾驶模
拟器通常需要使用大角度的投影环幕或者并排布置3~7台大尺寸显示器。第二个

问题是驾驶模拟产生的眩晕。在驾驶过程中，驾驶员身体处于静止状态，眼睛看到的场景却是运动和变化的，这种反差会造成眩晕。多自由度的模拟舱可以通过营造加速度感受来缓解一部分人的眩晕。不同人在驾驶模拟中的眩晕程度有很大的差异。大多数人可以在 10~20min 的适应过程之后不再有明显的眩晕感。

在将汽车人机交互作为驾驶次任务的研究中，驾驶模拟可以胜任大多数的基础研究。但是在对实际车辆进行评价的时候，常规的驾驶模拟会遇到一个问题。驾驶模拟器中的座舱通常是固定的、不可更换的，所以其内饰布局与目标被测的车辆是不同的。为了还原被测车辆的人机交互系统，需要调整座舱中屏幕等设备的设计角度、相对位置，以及其他人体工程学相关参数。但由于座舱内部结构和改装成本的限制，这些还原常常无法达到很理想的效果。

2.2.2 实车驾驶模拟台架

为了能够全面、高效地测试真实车辆的人机交互系统，作者所在研究团队开发出了实车驾驶模拟台架，如图 2.6 所示。这种新型的驾驶模拟测试方法既能够采集丰富的实时驾驶行为数据，又能够在评价中充分考虑真实车辆的人机交互布局和设计因素。实车驾驶模拟台架由以下 5 大部分组成。

图 2.6 人车关系实验室的实车驾驶模拟台架

- 环形屏幕：直径 7m，视角约 240°，其画面由 3 台高清投影仪进行投射。大尺寸的环幕可以让驾驶员进行模拟驾驶时获得更好的沉浸感，驾驶表现更接近于在真实道路上驾驶。
- 模拟驾驶环境：包括虚拟的道路、车辆动力学模型、交通流等。道路的设计基于中国实际道路场景，并根据具体的测试项目和测试流程来设计。为了确保车辆动力学的真实，以及整个系统中各种软硬件能够很好地协同工作，使用了成熟的模拟驾驶软件 SCANeR Studio。

- 快速接入系统：可以将任意量产乘用车在几十分钟内快速连接至模拟驾驶环境，让驾驶员坐在真实车辆的座舱内，通过实车原有的方向盘和踏板来驾驶车辆在虚拟环境中行驶。车辆前轮下方的专用设备可以采集车轮的转向角，并提供力反馈。加速踏板和制动踏板旁的传感器可以采集踏板的行程和压力。这些数据输入给模拟驾驶软件，就可以实现车辆在虚拟场景中的控制。

- 数据采集系统：可以获得车辆数据、道路数据、生理数据。其中，车辆数据包括加速、制动、方向盘转角等，来自于快速接入系统。道路数据包括行车速度、车道偏离、前方车距等，来自于模拟驾驶软件。生理数据为眼球的动态数据，包括注视位置、注视时间等，来自于一台头戴式眼动仪。

- 测评管理系统：能够将采集到的各类数据进行同步、整合与分析，并基于内嵌的评价体系对车辆的各个测试条目进行打分。

利用实车驾驶模拟台架测试汽车人机交互拥有很多优势。第一，被测车辆是真实的量产车，而不是基于一个固定的座舱改造而来，所以不会像常规的驾驶模拟器那样要尝试去复原被测车辆的交互设备布局。第二，数据采集范围全面，过程简便，尤其是车辆坐标直接来自于模拟驾驶软件，无需专门采集，更不会出现定位的偏差。第三，在模拟驾驶环境中可以设计标准化的任务和事件，并由计算机进行精确的触发，避免了自然驾驶研究中事件发生的随机性问题。第四，在模拟驾驶环境中可以很好地控制环境变量，避免了实路操作测试中阳光角度、路面起伏等对驾驶员行为造成的潜在影响。第五，驾驶模拟无需像实路操作测试那样频繁地进行转场和调度，测试的效率最多可以提升 3~5 倍。

实车驾驶模拟台架在使用过程中需要注意车辆动力学与视角的还原。通过快速接入系统连接的车辆在模拟驾驶环境中应当具有与真实道路上相似的转向手感、踏板脚感、加速性能和制动性能，否则测试结果可能与车辆的真实表现存在差异。车辆停放的位置应该使驾驶员座位处在环幕的中心附近，让驾驶员观察到没有畸变的道路场景画面。同时，地平线高度、车道宽度也要进行精心调整，以达到最真实的驾驶感受。

2.2.3 眼动仪

在实路操作测试和驾驶模拟测试中，眼动仪都是非常重要的数据采集设备。眼睛是我们获取附近信息的重要媒介，可以将我们所看到的画面实时地传输给大脑。眼-脑一致性假说指出"当思想中存在一个视觉目标时，眼睛所注视的位置通常与所关注和思考的目标事物有关"。对于眼睛的研究能够获取多层次的信息，表层是"所见"，深层是"所思"。为了获取更丰富的视觉信息，人类进化出了一系列的眼动行为策略。眼动行为主要包括眼跳（Saccade）、注视（Fixation）和追随运动（Pursuit movement）。眼跳是视觉中心从一个点移动到另外一个点的快速眼动过程。注视是视觉中心保持在某个点一定时间，以获取图像信息的过程。由于眼跳过程中眼球处于快速移动状态，且眼跳的持续时间极短，所以人类绝大多数的视觉信息是在注视过程中获取的。追随运动是观察者和物体处于相对运动的状态下，观察者持续观察该物体，保持物体在中央视野内的眼动行为。为了采集并记录以上眼动行为，需要使用专业的眼动仪。

眼动仪是心理学基础研究的重要仪器。眼动仪用于记录人在处理视觉信息时的眼动轨迹特征，广泛用于注意、视觉、认知心理学等研究领域。眼动仪从眼动轨迹的记录中提取注视点、注视时间和次数、眼跳距离、瞳孔大小等数据，进而还可以研究人们的内在认知过程。眼动记录的研究先后经历了观察法、后像法、机械记录法、光学记录法、影像记录法等多种方法的演变。20世纪60年代以来，摄像技术、红外技术和计算机的飞速发展推动了高精度眼动仪的研发。现代眼动仪的结构一般包括四个系统，即光学系统、瞳孔中心坐标提取系统、视景与瞳孔坐标叠加系统、图像与数据记录分析系统。

眼动仪按照工作原理可以分为电流记录法眼动仪、电磁感应法眼动仪、图像/录像眼动仪、瞳孔-角膜反射眼动仪。目前市场上主流的眼动仪一般都采用瞳孔-角膜反射的原理。

眼动仪按照使用场景可分为头戴式眼动仪和外置式眼动仪，如图2.7所示。头戴式眼动仪将眼动采集装置和摄像头集成在轻量化的眼镜上，来收集被试者在真实

图 2.7　Tobii Pro Glasses 3 头戴式眼动仪和 Tobii Pro Spectrum
外置式眼动仪（来源：Tobii）

环境中的眼动行为。在使用过程中，被试者可以自由移动并与环境自然地交互，使实验的结果接近真实场景下的结果。头戴式眼动仪能够录制被试者看到的场景，并记录观察过程中的眼动行为。外置式眼动仪将眼动采集设备和显示设备整合，共同放置在距离被试者一定距离的地方，记录被试者在观察屏幕时的眼动行为。在汽车驾驶行为和汽车人机交互的研究中，通常使用头戴式眼动仪。它能够捕捉的视野范围更大，同时针对不同车辆座舱的适配也更加便捷。

眼动仪在汽车人机交互研究中的使用将在 6.2 节详细介绍。

第3章
汽车人机交互评价体系的结构

3.1　汽车人机交互评价的挑战

评价一辆汽车的性能，无论对工程研发，还是消费者选购，都十分重要。虽然汽车是一个非常复杂的系统，但是几乎每一项性能都可以简化为少量几个评价指标，这样操作起来较为便捷，传播起来较为容易。例如，车辆的动力性可以通过发动机功率、0—100km/h加速时间、最高车速来评价。车辆的燃油经济性可以用100km燃油消耗量来评价。汽车的操纵稳定性可以用蛇形绕桩、麋鹿测试等来评价。

汽车这些性能的评价之所以可以被简化，是因为各项性能都有非常明确的目标，同时操作方法也是确定的。例如，动力性的核心目标就是加速。虽然最高车速、爬坡度、牵引能力也是动力性的目标，但是它们的成绩与加速是正相关的，通常无需专门去测量。加速的方法也只有一种，那就是深踩加速踏板，尽量延后换挡。

然而，对于汽车人机交互而言，上述这些看似理所应当的规律都不一定适用。汽车人机交互的任务目标不是单一的，而是复杂的、离散的、彼此弱相关的。汽车人机交互的评价所面临的挑战主要体现在以下几方面。

1. 交互任务繁多

一辆汽车中控屏和仪表屏上所能够显示的信息与能够操作的功能加起来，通常可以超过1000项。只去挑选一部分信息和任务进行评价，未必可以代表整套交互系统的水平。例如，一套搜索音乐十分好用的交互系统，搜索导航目的地却未必好用。即便对于搜索导航目的地这一个非常具体的任务目标，输入文字非常便利的一套系统，也可能根本找不到你想去的地方。

在一套评价体系中覆盖如此众多的功能是非常困难的，所以需要筛选出重要的任务进行重点评价，而且对于不同类型的重要任务，评价的指标与测试的方法也是不同的。

2. 系统、软件、生态的整合

虽然汽车人机交互系统在功能和逻辑上与智能手机有相似之处，但它的评价范围却要大于智能手机。

在评价一部智能手机的时候，人们重点关注的是它的操作系统（例如页面布局、快捷菜单、屏上手势等），而不会关注具体的应用软件（例如高德地图、QQ音乐、微信等）。这是因为这些常见的应用软件在所有主流的智能手机上都有着几乎完全一样的交互与性能表现，无需专门评测。然而，对于每一款汽车的人机交互系统，除了操作系统不同，它们的导航功能、音乐功能、通信功能也都会有着不同的界面设计与交互逻辑。因此，对汽车人机交互系统的评价必须关注这些具体的应用功能或应用软件。

此外，随着汽车人机交互系统接入越来越多的在线生态资源，这些资源的丰富程度也需要被评价。例如，一款车型的音乐软件有着非常优秀的交互设计，但它背后的在线曲库如果找不到时下流行的歌曲，用户依然不会经常使用它。

3. 交互模态众多

汽车人机交互的操作方式也是多种多样的。同样一个交互任务，经常可以有多种不同的交互模态去实现它。这就使得评价的对象不再是一个线性的目录，而变为一个交错的矩阵，所以评分的逻辑会比较复杂。例如，输入导航目的地通常可以使用按键打字、触屏手写、语音控制等很多交互模态。一辆对触屏手写识别率很高的汽车，也许对语音的识别能力却很不好，那么这辆车的导航目的地输入性能到底是好还是不好，这需要专门设计的计算方法。

4. 驾驶次任务占比较大

与绝大多数交互系统不同，汽车人机交互中的很多任务是要求用户一边驾驶汽车一边进行操作的，而非全神贯注地进行交互操作。这些交互任务被称为驾驶次任务（secondary task）。驾驶次任务的执行并不应当带来显著的驾驶分心，否则会对行车安全造成负面影响。

在评价驾驶次任务时，需要让被测用户在真实道路或驾驶模拟器上驾驶汽车。这样的测试环境对次任务本身是有影响的。例如，在车辆静止时，用户输入导航目的地可能需要 10s，而在驾驶车辆时，因为还要顾及行车安全，输入导航目的地可能延长至 20s。

此外，驾驶次任务对驾驶的影响也需要被测量并评价。例如，在用户一边驾驶一边输入导航目的地的时候，如果出现了显著的车道偏离，则可能与相邻车道的车辆发生碰撞；如果视线连续 2s 离开了道路，则前车紧急制动时，用户可能无法做出及时的反应。

3.2　三维正交评价体系的结构

对汽车人机交互的全面评价是一件非常复杂的事情。评价体系必须拥有很好的结构，让成百上千的测量结果可以有序地排列，不会出现重叠，也不会出现空缺。此外，汽车人机交互的功能和操作方式会随着时代快速发展，这个评价体系还需要能够在保持原有结构稳定的前提下，不断拓展。

汽车人机交互评价体系应该是一个三维的矩阵空间。三个维度分别是交互任务、交互模态、评价指标，如图 3.1 所示。这三个维度彼此正交，相互独立，互不影响。

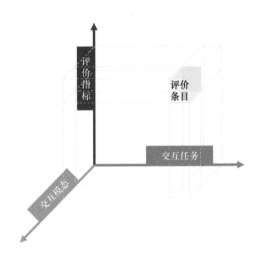

图 3.1　三维正交评价体系的结构

3.2.1　交互任务

交互任务（interaction task）是驾驶员在使用汽车人机交互系统时，为了实现某个目标而进行的一组活动。在广义的定义中，活动可以是肢体动作，也可以是感知或者认知活动。但是，在一般的讨论中，交互任务有时是狭义的范围，即需要驾驶员进行肢体活动或语言对话来进行某项操作，以及与其相对应的输出及反馈。

狭义的交互任务分为基础交互任务、扩展交互任务、生态与场景任务、系统基础体验。

基础交互任务与扩展交互任务分布在汽车人机交互系统的多个功能模块中，包括媒体及娱乐、空调、电话、地图导航、车辆控制等。常见的基础交互任务与扩展交互任务见表 3.1。

表 3.1　常见的基础交互任务与扩展交互任务

模块	基础交互任务	扩展交互任务
媒体及娱乐	搜索歌曲、提高音量、下一首歌、切换到蓝牙音源	播放媒体、收藏歌曲、电台播放、视频播放
地图导航	输入目的地并开始导航、查看路线全览、关闭语音播报、添加途经点、添加沿途加油站/充电桩、退出导航	常用目的地导航、查询兴趣点、调整为详细播报、打开路况信息、切换到 2D 地图
电话	输入号码并呼叫、拨号给指定联系人、接听来电	
空调	关闭空调、调高温度、调高风量、切换到外循环	
车辆控制		打开座椅加热、打开除雾、调节风向为吹头部、打开车门锁、打开行李舱、打开远光灯、切换驾驶模式、打开左前车窗、打开右后车窗、打开天窗、打开一半天窗、关闭遮阳帘、关闭中控屏、切换氛围灯颜色

基础交互任务的使用频率比扩展交互任务更高，而且更经常会在驾驶过程中进行操作。因此，基础交互任务需要作为驾驶次任务来进行评价。对驾驶次任务的试验过程需要进行真实道路驾驶或驾驶模拟器驾驶，对驾驶次任务的评价也需要充分考虑到它们对驾驶安全的影响。而扩展交互任务有更高的比例是在车辆静止时操作。如果受到测试时间和测试环境的限制，扩展交互任务可以不作为驾驶次任务进行评价，即无需进行驾驶环境下的测试。

需要注意的是，基础交互任务与扩展交互任务本身并没有严格的分界，它们的区分主要是考虑到测试流程执行的便利性。不能理解为扩展交互任务只能在停车时操作。如果时间与测试环境允许，将所有的扩展交互任务都像基础交互任务一样，进行完整的驾驶环境下的测试评价也是可以的。只不过，由于扩展交互任务在驾车过程中使用的频率较低，它们即使进行了驾驶环境下的测试，这部分测试成绩所占的权重也应该降低。

在进行测试评价时，为了将交互流程统一化，基础交互任务与扩展交互任务的初始状态通常需要中控屏、仪表屏停留在系统首页，语音控制未被激活。对于导航引导过程中的其他导航任务，例如查看路线全览、关闭语音播报、添加途经点，初始状态则选为导航引导页面，并且要求导航引导正在进行中。这是因为在导航引导过程中，多数用户通常都会一直停留在导航页面，而不会长时间退回首页，也不会长时间停留在其他功能的页面。

生态与场景任务包括资讯（新闻、天气等）、用车服务（维修保养预约、洗车预约等）、生活服务（查找餐厅、预定电影票等）、社交（车载微信、组队出行等）等类型。生态与场景任务并没有明确的边界，它们正在越来越多的车型上得到普及和拓展。这些任务都需要车辆与外界联网才能实现，其中有一些还需要针对车辆的实时位置来进行差异化的服务。与基础交互任务、扩展交互任务不同，生态与场景任务对于汽车人机交互系统而言通常不是必需的。这些任务的使用频率相对较低，一般也可以在智能手机的应用软件上完成。因此，这些功能需要凭借非常优秀的体验才能吸引用户的使用。

生态与场景功能在汽车上的普及程度相对较低，因此在评价一款车型的时候，首先需要判断它是否拥有某些具体的功能。这一步骤对于基础交互任务而言通常是不必要的，因为当前市场的主流智能汽车都会拥有所有的基础交互任务。由于生态与场景任务非常繁多，且使用频率较低，因此为了简化评价流程，可以不必专门考虑每个任务的交互模态。

系统基础体验是一种相对自由的体验，例如用手指滑动翻页看一看动画是否流畅，进入音乐或导航的主页面看一看布局是否合理、设计是否美观。系统基础体验也是非常重要的。虽然用户并不需要通过某种交互任务来实现一个非常具体的目的，但它却为用户建立起来对于一套汽车人机交互系统的第一印象。尤其在选购汽车的过程中，很多用户并不会去尝试多个具体的交互任务，而只是通过简单的自由体验来判断这套系统的优劣。

此外，广义的交互任务包括信息读取、导航性能表现。

信息读取任务是那些无需用户对人机交互系统进行输入，而直接可以读取到输出的任务，例如阅读仪表上的车速、发动机转速，从导航页面上读取导向箭头等。信息读取任务的发生频率很高。在高速公路上，驾驶员每隔几十秒就会读取车速，以确保自己没有超速。在复杂的城市道路，驾驶员在每个路口前都需要多次读取导航信息，以确保自己行驶在正确的车道上。

但是，信息读取任务有时并不作为汽车人机交互系统评测的主要对象。一是由于这些任务没有任何肢体动作，只有视线的移动和认知的分心，测试起来较为困难，需要专业且昂贵的设备。二是由于这类任务过于简单，只要显示信息的大小和位置没有明显的设计问题，各个车辆的表现是相似的。

导航性能表现的输入不是人机交互系统，而是车辆本身的位置、速度、加速度。优秀的导航系统应该能够快速、精准地判定车辆状态，并提供流畅、准确的路线引导。

3.2.2 交互模态

在人机交互学科领域，交互模态（interaction modality）是人与机器之间进行输入/输出时的独立的感官通道类型。在汽车人机交互中，交互模态被定义得更加具体，并且通常更加侧重信息的输入。4 种当前在汽车上广泛使用的以输入为主导的交互模态是：

1）中控按键，简称中控键。驾驶员通过按压中控台上实体的按键或旋转实体的旋钮来输入信息，并通过按键和旋钮自身的弹性及阻尼获得反馈。此外，反馈与输出的形式还可能包括按键与旋钮周围的灯光，以及中控屏上显示信息的变化。

2）中控屏触摸，简称触屏。驾驶员通过在中控触摸屏上进行点击、滑动等操作来输入指令，并在中控屏上看到输出的反馈信息。此外，反馈的形式还可能包括屏幕的振动与音响的滴答声。

3）方向盘按键，简称方控键。驾驶员通过按压方向盘上实体的按键来输入信息，并通过按键自身的弹性及阻尼获得反馈。此外，反馈与输出的形式还可能包括中控屏或仪表屏上显示信息的变化。

4）语音控制，简称语音。驾驶员通过语音指令控制人机交互系统，并通过系统发出的语音与中控屏上的信息获得反馈。

中控按键是汽车人机交互最古老的交互模态。自从 20 世纪 20 年代收音机进入汽车以来，中控按键始终是汽车人机交互系统中最基本、最常见的输入方式。方向盘按键是按键与旋钮的一种延伸，最早出现在 20 世纪 60 年代。中控屏诞生于 20 世纪 80 年代，但在进入 21 世纪后，可触摸的中控屏才开始大规模普及。语音交互的历史则更短，真正实用化的系统面世只有不足 10 年。

中控按键与方向盘按键在交互模态上被视为不同的两种，这是因为它们的操作机制有明显差异。前者为手臂运动，驾驶员需要将右手离开方向盘，并由整只手臂带动手部去触及中控区域。而后者为手指运动，驾驶员操作时手掌依然在方向盘上。这两种不同的操作机制会给驾驶分心的程度带来差异。同时，从发展历史上来看，方向盘按键的起源与普及也明显落后于中控按键。

在中控按键与方向盘按键中，有一类比较特殊，被称为导向键。导向键可以是一个或一组上下左右的按键，可以是一个旋钮，也可以是一块触摸板。导向键没有固定的功能，而是必须要配合中控屏或仪表屏内的内容一同工作，通常是用来选择屏幕内菜单的条目。随着可触摸式中控屏的普及，中控按键区域的导向键已经变得越来越少。例如，在 2018 年，奥迪 A8 取消了前代车型的 MMI 旋钮（图 3.2），奔驰 A 级也取消了前代车型的 Command 触摸板。但是，由于仪表屏位于方向盘后方，无法触摸，所以导向键在方向盘按键上依然是重要的组成部分。

图 3.2 奥迪 A8（2011 款）的 MMI 旋钮，而后在新一代
车型上被取消（来源：Audi AG）

近年来，很多车的中控区域也出现了触摸式按键。它们通常是没有按压行程的，与电磁炉的按键类似。有些触摸式按键除了可以点击，还可以在其表面滑动。有些触摸式按键背后有振动电动机，产生与手机触屏类似的反馈。触摸式按键在视觉上与中控屏相似，但它们依然归属于按键，而非屏幕。屏幕中显示的内容必须是动态可变的，相同的位置在不同的时间可以呈现不同的图标。但触摸式按键背光中的图标是固定的，或者是两三个背光图标相互切换，因此它们不属于屏幕的范畴。

以上交互模态的分类程度在汽车产品的实际评测过程中最为实用。如果分类更粗，例如将中控按键与方向盘按键统一视为按键，则会出现同一个任务使用同一种交互模态却有 2 种不同的操作方式，不便于区分。例如，很多车型调整音量大小的任务，既可以使用中控按键，也可以使用方向盘按键。如果分类更细，例如将中控按键分为机械按键、触摸式按键、旋钮等，则会出现不同车型的交互模态各异，难以相互对比。

除了以上所讨论的 4 种常见交互模态，还有一些新兴交互模态可能出现在未来的汽车上，例如隔空手势、眼动控制、脑电控制、表情控制等。但这些交互模态尚未普及，或者能够实现的交互任务数量非常有限，因此不会作为评价体系中的典型交互模态来进行深入讨论。

并不是所有交互任务都一定涉及上述 4 种以输入为主导的交互模态。有些交互任务只有输出，没有输入。例如，用视线观察仪表上的车速，用视线观察在抬头显示器（HUD）上的导航指引，听系统播报导航的方向。仅有输出的交互任务通常都是交互任务分类中的信息读取任务，它们通常不会作为汽车人机交互评价的主要对象。

还有一些交互任务虽然有输入，但不是由人来直接操作。例如，空调根据车内的温度自动调整风量。又如，在行车方向出现偏航时，导航系统重新计算路线。有些该类任务的触发逻辑较为复杂，或者需要外界环境出现极端情况才能触发，因此可复现性较弱。对于这样的任务，要避免在评价过程中做出武断的结论，因为有些功能的失效可能只是由于测试环境本身的模拟不够充分，而非产品本身的问题。

3.2.3 评价指标

评价指标（evaluation index）是汽车人机交互中可量化的评价维度。评价指标与交互任务、交互模态是相互独立的。一项评价指标的意义，不会随着交互任务或交互模态的变化而变化。但是，某些交互任务可能并不适用某些评价指标。例如，一些非常复杂的车辆系统设置任务，以及视频播放任务，是不应该在驾驶过程中操作的，那么驾驶安全相关的评价指标就不适用于这些任务。

一套完善的评价指标应当具备普适性。评价指标本身是独立于交互任务与交互模态的，但它也必须能够适应不同的交互任务与交互模态。一个评价指标不能对不同的交互任务有不同的解释，也不能对不同的交互模态有不同的评判标准。一个评价指标通常不会适用于所有的交互任务和交互模态，但是每个评价指标还是应当尽可能地覆盖较多的任务与模态。否则，如果一个评价指标只适用于一个交互任务或者一个交互模态，那么这一部分的评价体系其实就被压缩成了一维或二维，三维正交的结构也就失去了意义。

例如，安全性中的车道保持指标，适用于所有需要在驾驶模拟过程中执行的任务，同时也适用于所有的交互模态。在测试中，我们通常会发现，同样使用中控屏触摸，复杂任务会比简单任务产生更加显著的车道偏离。此外，对于同一个交互任务，使用中控屏触摸所带来的车道偏离往往也会大于方向盘按键。

在对评价指标的测试结果进行度量打分时，同一个任务的不同交互模态一般使用相同的打分标准。因为所有操作的目标是相同的，具有可比性，相同的打分标准就容易判断哪种交互模态的设计不佳，需要做出改进。但是，对于不同的交互任务而言，同一评价指标的打分标准可能是不同的。例如，输入导航目的地的任务难度一定比接听来电更高，也一定会造成更多的驾驶分心，二者使用相同的打分标准是不公平的。

一套完善的评价指标还应当具备稳定性。汽车人机交互技术发展迅速，每年都会有新的交互设计、新的硬件设备进入车内，但评价指标不能频繁地出现变化，否则就无法进行跨时间的评价结果对比，汽车设计者也无法预判产品在未来的评测表现。这就要求评价指标是比较抽象的，不与具体的技术相绑定。

例如，高效性中的操作步数指标就比较抽象。它对于所有具有信息输入的交互任务都是适用的，对于所有的交互模态也是适用的。而如果将这个指标改为"点击步数"，在 2010 年的技术条件下，它与"操作步数"是基本等效的，因为它几乎可以适用于当时所有按键以及所有中控屏上的任务。然而在过去十几年间，中控屏的触控技术从电阻式变为电容式，使得屏幕上产生了更多手指滑动的交互，这就超出了"点击"的范畴。同时，近年来语音控制在车内快速普及，也无法用"点击"来计量。

虽然评价指标本身是稳定的，但具体测试成绩的打分度量标准可以变化。例如在某一年，输入导航目的地的任务时间小于 8s 就可以获得满分，但随着市场上车型水平的不断提升，在若干年后，满分的要求可能会变化为小于 6s。

评价指标是三维正交评价体系中最重要、最复杂的部分，后续章节会对它有详细的介绍与讨论。

3.2.4　评价条目

评价条目（evaluation item）是汽车人机交互测试评价过程中的基础单元，它由交互任务、交互模态、评价指标三个维度交叉所构成。其中，交互任务与交互模态的组合称为测试用例（test case）。评价条目是将测试用例按照评价指标进行分解后的单元。

例如，用语音输入导航目的地过程中的车道保持就是一个评价条目，如图 3.3 中的评价条目 A。在这个条目中，语音是交互模态，输入导航目的地是交互任务，车道保持是安全性下属的一个三级评价指标。又如，用中控屏触摸搜索指定歌曲时屏幕上所显示的文字尺寸也是一个评价条目，如图 3.3 中的评价条目 B。在这个条目中，中控屏触摸是交互模态，搜索歌曲是交互任务，文字尺寸是认知下属的一个三级评价指标。

假如汽车人机交互评价体系中有 200 个交互任务，4 种交互模态，40 多个评价

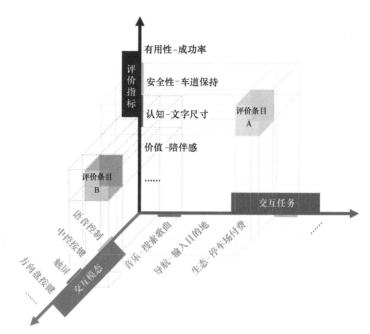

图 3.3　三维正交评价体系中两个典型的评价条目

指标，那么这个评价体系理论上会有超过 30000 个评价条目。这对于评价体系的实际执行是十分困难的。不过，有些理论上存在的评价条目对于评测而言并不重要，或者本身没有意义。这些条目不需要被纳入实际的评价体系之中。例如，安全性所包含的指标都只适用于在驾驶过程中经常使用的交互任务，而不适用于使用频率较低、很少会在驾驶过程中使用的交互任务。又如，语音交互下的任务，主要依赖声音这个看不见的界面，不存在显示出来的元素，而中控屏这个可见的界面通常只会作为辅助，因此认知中的元素可理解、元素可记忆等评价指标对语音交互来讲是没有意义的。

即便如此，一套完整汽车人机交互评价体系也会拥有至少 2000 条评价条目。如果将评价做得更加细致，有可能达到 4000 条甚至更多。

3.3　三维正交评价体系的优势

汽车人机交互评价体系中的评价条目多达数千项，如果没有很好的结构，很难将所有条目整合在一个体系内，做到无遗漏、不重叠、可拓展。因此，三维正交评价体系对于汽车人机交互的评价至关重要。

我们在其他领域所常见的评价体系通常都是一个树形结构，即由一级目录、二级目录、三级目录等组成。就像一棵大树，主干分为若干主枝，主枝分为若干侧枝，侧枝上再长出树叶。上文所介绍的评价指标也是一个典型的树形结构，但是评价指标只是整个三维正交评价体系的一个维度，整个评价体系并不是树形结构。

如果整个评价指标是树形结构，这个结构的建立就会遇到问题：是将总成绩先分为各个交互模态的成绩，再分为各个交互任务的成绩，还是将总成绩先分为各个交互任务的成绩，再分为各个交互模态的成绩？如果选择前者，我们就无法回答一辆车的空调控制任务表现怎么样，因为它们被分散到了各个交互模态中。如果选择后者，我们就无法回答一辆车的语音交互表现怎么样，因为它们被分散到了各个交互任务中。

三维正交体系中的三个维度拥有对称性，可以很好地解决这个问题。我们不需要纠结交互模态和交互任务哪一个需要排在更高的级别，因为它们都是三个正交维度之中的一个，没有级别的高低之分。

三维正交体系可以根据需要，灵活地选择一个"切面"来进行解释。当我们需要判断一款车型的空调任务表现如何，就可以以交互任务为切面，把所有与空调相关的任务选取出来进行分析。当我们需要判断一款车型的语音控制表现如何，就可以以交互模态为切面，把所有语音控制的任务选取出来进行分析。当我们需要了解一款车型的高效性表现如何，就可以以评价指标为切面，把所有高效性下属的评价指标选取出来进行分析。

此外，三维正交体系还非常利于评价体系范围的拓展。一个维度的延伸不会影响其他两个维度。假如我们要将自动驾驶相关的操作增加至评价体系当中，只需要在交互任务的维度上进行延伸，而不需要改变交互模态与评价指标这两个维度的结构。假如若干年后，表情控制在汽车人机交互中得到了普及，只需要在交互模态的维度上进行延伸，而不需要改变交互任务与评价指标这两个维度。

如果汽车人机交互评价体系没有采用三维正交体系，而使用了树状结构，那么这个结构中的一级目录很可能包括基础任务（或常用任务）、地图导航、语音控制等。这样的结构看起来非常直观，也与测试者的经验流程相一致。但是，这样的结构存在问题。首先，地图导航是一组任务，语音控制是一种交互模态，二者不在一个维度上，不是并列关系。一个简单的例子，用语音输入导航目的地，应该属于地图导航模块还是语音控制模块呢？其实都属于。这两个一级目录出现了重叠。其次，这样的评价体系在拓展过程中会出现逻辑的困境。假如若干年后，表情控制在汽车人机交互中得到了普及，人们可以用它控制空调、音乐等模块中的简单任务，那么，表情控制所对应的被测条目，应该属于基础任务，还是再单独为它开辟一个新的一级目录呢？如果并入基础任务，那么表情控制就无法与语音控制平行。如果单独开辟新的一级目录，整个体系的一级目录就太容易发生改变，新测试结果与老测试结果的总分就会出现不同，也就没有可比性了。可见，树状结构的评价体系有着逻辑重叠、不易拓展等难以克服的问题。这也是我们不得不去发展三维正交体系的原因。

第4章

汽车人机交互评价指标的产生

在汽车人机交互的三维正交评价体系中，评价指标至关重要。评价指标的制定要充分考虑到汽车人机交互系统设计的目标。汽车人机交互系统不是一个简单的工程系统，它的设计目标十分复杂，有理性的一面，有感性的一面，有有形的部分，也有无形的部分。

汽车人机交互的设计目标可以从低到高分为三个层次，分别是功能性、可用性和可想象性，如图 4.1 所示。

图 4.1　汽车人机交互设计目标的三个层次

4.1.1　功能性

功能性（functionality）是指汽车人机交互系统所拥有的软硬件以及所能够实现的功能。一般来讲，汽车人机交互系统所拥有的软硬件越多越好，所能够实现的功能越多越好。

功能性所对应的不仅有交互任务，也有交互模态。例如，所有带有导航系统的车辆都能够输入导航目的地，但是相比中控屏触摸输入，语音输入目的地、用手机 APP 发送目的地就属于更加创新的功能。有时候，功能性甚至更加侧重交互模态，而非交互任务。例如，我们可以说抬头显示器（HUD）是一个比较创新的功能，而在这个描述的过程中，我们并不是很在意这套 HUD 系统中具体可以显示哪些内容。

汽车的功能性通常可以在车型配置表中显示。例如，图 4.2 展示了梅赛德斯-奔驰 S 级 2021 款车型配置表中一部分与人机交互系统相关的配置。其中，智能手机互联系统主要是人机交互系统中所包含的一个应用软件；头戴式无线耳机主要是一套硬件；实时路况信息主要体现为输出的信息，它需要在导航软件系统之上才能

S级 S级轿车 更多车型比较	S 400 L 商务型 厂商建议零售价 ¥91.78万起	S 400 L 豪华型 厂商建议零售价 ¥108.48万起	S 450 L 厂商建议零售价 ¥118.48万起	S 450 L 4MATIC 厂商建议零售价 ¥128.48万起	S 500 L 4MATIC 厂商建议零售价 ¥183.88万起
⊖ 操控与智能		• 标准配备	◦ 选装配备	▴ 套装组件	- 未配备 隐藏相同
智能手机互联系统	•	•	•	•	•
前排用于移动设备的无线充电功能	•	•	•	•	•
后排用于移动设备的无线充电功能	◦ ⓘ	•	•	•	•
2个头戴式无线耳机	-	•	-	•	•
MBUX 高端后排娱乐系统	-	•	-	•	•
MBUX 后排智能平板电脑	◦ ⓘ	•	•	•	•
Burmester® 3D 环绕立体声音响系统 带有 15 个扬声器，系统总输出功率为 710 瓦	-	•	•	•	•
Burmester 高端 4D 环绕立体声音响系统	-	-	-	-	◦ ⓘ
实时路况信息	•	•	•	•	•
ETC 读卡器	◦ ⓘ	◦ ⓘ	◦ ⓘ	◦ ⓘ	◦ ⓘ
USB 组件增强版	•	•	•	•	•
车载通信模块 (LTE Advanced)，用于 Mercedes me 互联服务* (可无限期使用)	•	•	•	•	•
旅程咨询	•	•	•	•	•
多向遥控泊车组件	-	•	•	•	•
自适应后排照明系统	◦ ⓘ	◦ ⓘ	◦ ⓘ	◦ ⓘ	• ⓘ

图 4.2　梅赛德斯-奔驰 S 级（2021 款）车型配置表节选（来源：梅赛德斯-奔驰官方网站）

运行。可见，功能性所包含的内容是多种多样的，并没有一个标准化的模式。

功能性在描述一些非常简单的功能时是较为充分的。例如车内的灯光开关，一般只有开启、关闭两种状态。这个开关无论如何设计，只要不会出现低级的错误，使用的体验通常是相似的。

然而，功能性只能描述功能有没有，却不能描述它是否好用。由于汽车人机交互系统非常复杂，功能性在描述汽车人机交互系统时则非常片面。例如，所有带有导航系统的车辆都能够输入导航目的地，假如我们将输入目的地过程中的打字部分视为1步，那么有些汽车的导航系统只需要4步就可以完成目的地输入，有些汽车则需要多达9步。很显然，4步的操作过程比9步更加方便，更加好用。

当今技术环境下，座舱内所有的功能控制，除了那些与驾驶相关性非常强的功能（例如灯光开关、驾驶模式选择等），其他绝大多数功能都不是用一个实体按键就能够一步操作完成的，它们都有一套操作的流程。既然有一套流程，那么它的使用体验就无法用功能性判断有无来描述清楚，我们需要引入可用性来进行更加深入的分析。

汽车人机交互系统的功能性有时候也会限制可用性。功能的增加很容易使用户在寻找特定功能时遇到更多的干扰，从而让任务过程变得更加困难。对于物理按键而言，功能性与可用性的矛盾更为突出。例如保时捷 Macan 将30余个功能以物理按键的方式平铺在中控台上，用户在寻找特定按键的时候会花费更多的精力，并且难以记忆、难以盲操作，如图4.3所示。中控屏上的交互可以通过良好的信息结构设计来缓和功能性与可用性之间的矛盾，但依然无法完全消除这种矛盾。

图 4.3　保时捷 Macan（2018 款）的中控台区域（来源：Porsche AG）

4.1.2　可用性

可用性（usability）是一个新兴的概念，它涉及用户、产品、任务、环境之间的交互。很多学者认为可用性并不存在一个权威的、完善的定义。国际标准 ISO 9241 指出，产品的可用性是特定的用户在特定的使用场景下，为了达到特定的目标而使用某产品时，所感受到的有效性、高效性、满意度。可以看出，这个描述更像是可用性的研究范围，而不是在界定它的本质和内涵。

有时候，可用性与用户体验（user experience，缩写 UX 或 UE）的概念是基本等效的。国际标准 ISO 9241 将用户体验描述为用户在使用产品、系统或服务时的感知和反应。我们可以将这个定义视为狭义的用户体验。在这里，用户体验与可用性的范畴基本相同，但更加倾向于用户的主观感受。

然而，自从智能手机开始普及，用户体验一词在各种语境中的含义开始迅速扩张。用户体验除了代表"用户的体验"，又可以代表电子产品中的一套流程和界面设计，也可以代表产品开发过程中的一个环节，还可以代表一种产品设计的价值观。我们不仅可以说，"这部手机有着很好的用户体验"（指人的感知与反应）；还可以说，"这部手机拥有一套全新的用户体验"（指产品设计），"某人在用户体验部门工作"（指研发环节），"他开发了一套基于用户体验的产品设计方法"（指思路与价值观）。正是由于用户体验一词在真实语境中用法的混乱，我们在试图进行边界严谨的研究时，尽量不使用用户体验一词，而使用可用性一词。

可用性一词最早出现在 20 世纪 30 年代。1936 年 3 月 8 日，通用汽车公司在 *The Palm Beach Post* 刊登了一则电冰箱的广告，第一次提出了可用性（usability）这一概念，如图 4.4 所示。在对可用性的解释中，广告中提到了更容易使用（handier to use）、减少步骤（saves steps）、减少工作量（saves work）。可用性的这三点特征在今天依然适用。例如，能够单手打开屏幕的笔记本计算机要比必须双手打开的更加容易使用。手机界面通过快捷的下拉菜单来进行常用设置的开关，相比冗长的设置菜单减少了操作步骤。汽车的电动行李舱门可以减少用户开关时的体力消耗。但是，早期的可用性定义中并没有涉及相对主观的满意度部分。这一方面是由于相关研究尚不成熟，另一方面当时的家用设备通常操作较为简单，不必要对主观的满意度有过多的探讨。

汽车人机交互的可用性还有一个额外的重要组成部分，就是安全性。驾驶员一边驾驶汽车，一边使用人机交互系统，而不是全神贯注地使用它们。驾驶汽车本身是驾驶主任务，而使用人机交互系统是驾驶次任务。驾驶员的注意力是有限的。如果驾驶员尝试执行任何驾驶次任务，注意力的重新分配都可能会导致驾驶表现的下降。其他驾驶次任务还包括与车内人员交谈、注视车外的无关事件、用手机打电话、吃东西、吸烟等，但这些不作为我们研究的重点。

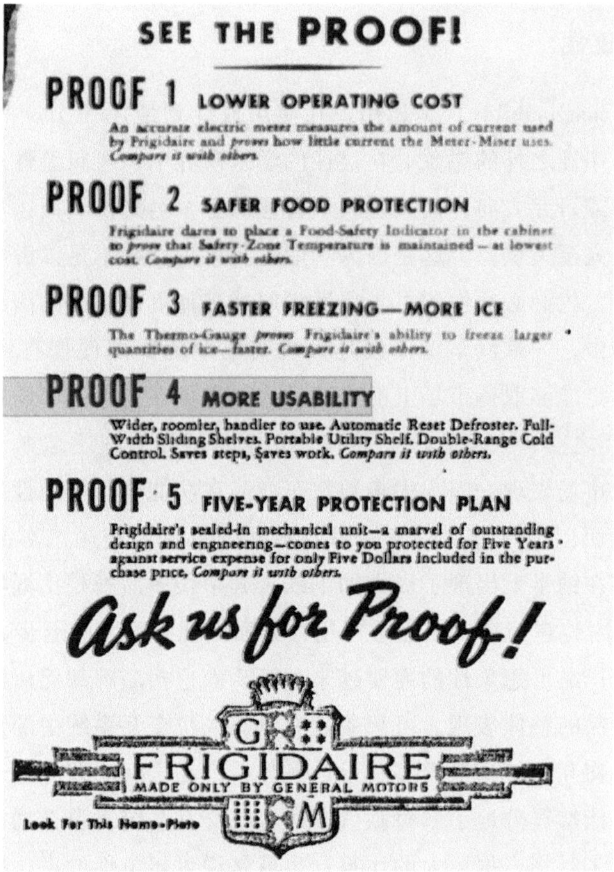

图 4.4 通用汽车电冰箱广告中提到了"可用性"（来源：Palm Beach Post）

安全性为什么属于可用性，而不属于功能性呢？汽车人机交互作为驾驶次任务，确实会造成驾驶分心，影响驾驶安全，但这个影响范围通常是有限的。如果没有十分明显的重大设计问题，一般不会出现某个原本应该在驾驶过程中使用的功能，因为行车安全的隐患完全无法使用。

是否会出现一项功能在驾驶过程中，由于潜在的行车安全风险，完全不能使用的情况？理论上是有可能的。例如，一辆两排座椅的轿车，如果后排独立空调系统的温度调节界面仅出现在中央扶手的后端，而不在驾驶员前方的中控区域，那么驾驶员如果要调整后排的空调温度，就必须大幅度地扭转身体。这个操作在车辆静止时可以完成，但在车辆行进时，会对行车安全带来巨大的风险，不应当进行操作。这时，安全性影响到了功能性。然而，这样极端的例子非常罕见，并且通常没有意义。在这个例子中，驾驶员为什么要在行驶过程中调整后排的空调温度，而不让后排乘客自行调整呢？这是一个缺乏实际意义的功能。

4.1.3　可想象性

可想象性（imaginability）是指用户在使用或计划使用一个产品时所能够产生的在功能性与可用性之外的想象。在过往的学术研究中，可想象性通常并不是一个严格的研究范围或研究方向，而只是一个普通的学术名词。然而，可想象性对于汽车人机交互的研究至关重要，这是因为功能性与可用性并不足以解释用户使用一款产品的全部感受，我们必须使用可想象性来解释其他更加主观的因素。

在真实市场中，一款汽车（不仅是人机交互系统）即便拥有优秀的功能性与可用性，也不一定能够取得市场上的成功。这一现象在当今的中国汽车市场中尤为明显。在 2010 年之前，大多数汽车品牌，无论是国际品牌还是本土品牌，都能够取得较为理想的市场表现，因为大多数汽车产品在功能性与可用性方面都不会有很明显的短板。然而，2015 年之后，一些法国汽车品牌、美国汽车品牌，以及一些本土汽车品牌都在销量上出现了极大的下跌，其中很多品牌相比巅峰时期跌幅超过50%。这并不是因为它们在功能性与可用性方面出现了重大的退步，而是由于中国汽车消费者对于产品可想象性的需要越来越高，而这些品牌却无法满足。

相比汽车产品的整体表现，可想象性在汽车人机交互系统中的占比是更低还是更高？汽车人机交互系统功能繁多、设计各异，产品之间的差异显著。因此从理论上讲，如果用户能够充分地了解每款汽车的人机交互系统，那么功能性与可用性在他们判断产品优劣时将占据更大的比重，也就是说可想象性的占比应该会较小。然而，也正是由于汽车人机交互系统功能繁多，用户几乎不可能在购买一款汽车之前就对它的人机交互系统拥有充分而完善的了解。甚至很多用户在用车多年之后也只使用过汽车人机交互系统中的一部分功能。因此，用户无论在选购还是使用的过程中，对人机交互系统的判断都是较为片面的、非理性的。那么，可想象性在其中扮演的角色就更加重要。

"想象"一词在生活中十分常见，但是对于很多学科，尤其是工程类的学科而言，是较为陌生的。因此，我们有必要先来解释一下想象对于人类组织与行为的重要性。以色列历史学家尤瓦尔·赫拉利（Yuval Noah Harari）在 2012 年的著作《人类简史》中将从石器时代至今天智人的演化历史分为了四个阶段，其中第一个阶段认知革命（约公元前 70000 年）的重要标志就是智人演化产生了想象力，并出现能够描述故事的语言。书中还提到：任何大规模人类合作的根基，都在于某种只存在于集体想象中的虚构故事。神、国家、金钱、法律、公司、品牌都只存在于人类共同的想象之中。而在更早的 1983 年，政治学家与历史学家本尼迪克特·安德森（Benedict Anderson）就著有《想象的共同体》一书，指出民族就是人们想象的共同体。历史上是先产生了民族主义，才形成了民族，而非相反。可见，想象在人类发展过程中有着极其重要的作用。

产品的可想象性通常产生于3个方面，分别是品牌、产品技术、产品设计。

品牌是将一个销售者的产品或服务区别于其他销售者的名称、术语、设计、符号等特征。在日常使用中，品牌最主要的形式是商标，包括文字商标、图形商标等。例如，梅赛德斯-奔驰（简称奔驰）是全世界品牌价值最高的汽车品牌之一，它的"三叉星"图形商标与这个品牌的名称（即文字商标）有着几乎完全相同的影响力。而该品牌所属的戴姆勒股份公司的公众影响力则不如这个品牌本身。

相比产品本身，品牌有着更强的稳定性。一个品牌所提供的产品的水平可能有高有低，但这个品牌对于用户的价值是不会因此而产生剧烈波动的。在家用电器、轻型商用汽车等领域，一些几乎完全相同的产品，挂上不同的商标，就可以卖出不同的价格。品牌不是产品的实际性能，而是给用户带来的想象。例如，一双阿迪达斯的运动鞋，会让用户觉得自己更有活力。如果它还是与某潮牌的联名款，那么用户会觉得自己不仅充满活力还紧跟时尚。这些想象与用户是否真的喜欢去运动并没有太大关系。

汽车品牌的可想象性十分重要。而且，由于汽车产品本身的技术复杂度很高，汽车品牌给用户带来的形象通常也要更加侧重于技术实力。这些想象可以分为两种：

第一种想象是品牌自身的背景和故事。例如，奔驰是汽车的发明者；阿斯顿·马丁是007的座驾；特斯拉的创始人发射火箭前往火星。这种想象与产品力本身几乎没有直接的关系，但依然十分重要。它很难被塑造，因为品牌需要一个极强的故事。但它却非常稳定，因为这种脱离了产品的抽象认知不容易被产品本身水平的波动所影响。

第二种想象是品牌所掌握的技术与能力。例如，奥迪在20世纪80年代大力推进涡轮增压和全时四驱技术，不仅在赛场上取得了佳绩，更为奥迪树立起了技术先驱的形象，真正跻身于豪华品牌之列。即便用户购买的是一辆自然吸气、前轮驱动的奥迪车型，依然会感觉自己距离当时最先进的汽车技术更近了一些。技术的涟漪会影响品牌。这就是为什么很多人会选择豪华品牌的低端产品，而不是主流品牌的高端产品。

在品牌之外，产品技术也可以创造用户的想象。产品技术的首要目标当然是实现产品的性能。但对于很多产品而言，技术对于多数用户而言是过剩的，或者是不易感知的。用户切实拥有这些技术与特性，但并没有太大实用价值。例如，绝大多数汽车用户无法分辨出六缸与四缸、后驱与前驱、多连杆与拖曳臂的驾乘差异，但大家还是会为理论上更好的技术买单。甚至，法拉利的加速性能、奔驰 G 级的越野能力对于有些车主而言也是一种想象，因为他们在日常驾驶中从来不会用到。

近年来，用户对于产品技术特性本身的关注程度也在逐渐提升。这一趋势在很大程度上是由手机行业所引领的。在智能手机普及之前，手机广告设计中通常会将人物作为重要的元素，其重要程度常常超过手机本身。而在智能手机普及的当下，大多数手机广告都将产品本身作为唯一的主角，并突出与新技术相关的特性。在手机的官方网站中，产品的介绍内容通常主要只展示技术参数以及与技术相关的图片或视频，而不像十几年前那样去强调人物的感受与使用的氛围。在图 4.5 中可以看到，同样是摩托罗拉 RAZR 手机，在两个不同的时代，广告的风格也截然不同。

图 4.5　摩托罗拉 RAZR2 V8 手机广告（2007 年）与 RAZR 手机广告（2019 年）

（来源：Motorola, Inc.）

与手机类似，在汽车产品的宣传和推广中，产品的技术参数与先进功能也在占据更加重要的位置，例如图 4.6 中智己 L7 在讲解空气动力学设计与车载摄像系统

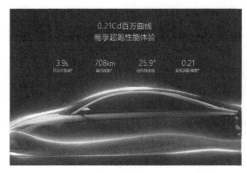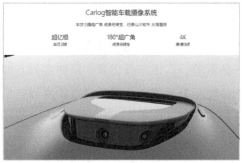

图 4.6　智己 L7 汽车的产品介绍（2021 年）（来源：智己汽车官方网站）

时，都提到了很多技术参数。大多数用户并不一定有能力客观地判断这些技术参数是否能够带来实实在在的体验提升，但阅读这种参数的过程本身就在为用户建立想象。

产品设计是产品可想象性的第三种来源。产品的设计可以直接包含希望用户想象到的东西，把它做成图案或模型，这是一种简单的做法。例如，乔丹 EJ11 一级方程式赛车前鼻锥上的鲨鱼头图案可以让人们想象这辆赛车如同鲨鱼一样凶猛，如图 4.7 所示。产品设计还可以给用户传递宏观与抽象的想象概念。例如，第一代雷克萨斯 NX 和第一代路虎极光在亮相之初都有着极具未来感的造型。用户选择了它们就好像触摸到了未来。

图 4.7　乔丹 EJ11 一级方程式赛车（2001 年）（来源：Jordan Grand Prix）

产品设计所带来的想象还可以满足用户精神与价值观的需求。这些设计通常并不是让用户想象到一个具体的意象，而是让产品与自己的内心需求产生共鸣，使汽车不再是一个简单而冰冷的机器。蔚来汽车的 Nomi 车载人工智能助手形象就是一个很好的案例，如图 4.8 所示。Nomi 是一个球形的机器人，安装在仪表板的上方。它正面的屏幕可以显示各种表情，模拟人的面部。机器人整体还可以旋转，在与车内特定人员交流的时候"看着"对方。Nomi 形象与语音交互系统配合起来，可以实现更加拟人化的交互。这一设计在中国市场上广受欢迎，不仅成为蔚来汽车品牌的重要标签，也被国内外企业以各种形式模仿。

Nomi 本身并没有明显的功能性。即便用户没有付费选装这个形象，蔚来汽车的语音交互系统依然可以实现所有的对话功能，而 Nomi 只是语音交互系统的一种辅助式输出。Nomi 对人机交互系统可用性的贡献也不大。它并不能提升任务的成

图 4.8 蔚来 ES6（2020 年）配备的 Nomi 车载人工智能助手形象（来源：蔚来汽车）

功率，也不能减少任务的步数。Nomi 在可用性方面的贡献主要是辅助用户了解当前人机交互系统的状态。例如，在用户唤醒语音交互系统时，Nomi 将头转过来，表示自己正在聆听用户的指令。在播放音乐时，Nomi 的表情随着音乐而变化，表示系统的音乐正在播放中。但是，这种交互状态的认知辅助，即便没有 Nomi 这样的形象，通过中控屏内的动态图标或者车内的动态氛围灯也可以实现，Nomi 对于认知辅助的作用并非不可替代。Nomi 的价值主要体现在可想象性的层面。有了 Nomi 的形象，可以让车从一个机器，变成一个有生命、有情感的伙伴。陪伴是中国用户非常重要的价值需求，Nomi 所带来的想象很好地满足了这种价值需求。

品牌、产品技术、产品设计都可以提升产品的可想象性。但是，对于汽车人机交互系统评价而言，通常不会去考虑品牌因素，因为品牌是一个产品生来固有的，无法被轻易改变。如果人机交互系统的某些界面很好地强化了这个汽车品牌的基因，那么这可以视为成功的产品设计，而并非品牌本身的成功。此外，在汽车人机交互系统评价过程中，产品技术的重要程度也不如产品设计。这是因为产品技术给用户带来的想象通常是在产品宣传的过程中，而非产品使用的过程中，所以汽车人机交互系统如果要强化用户对于产品技术的形象，发挥空间是比较小的。因此，产品设计是汽车人机交互系统可想象性最重要的评价对象。

4.2 评价指标体系

功能性、可用性、可想象性是汽车人机交互的设计目标，但这些目标难以直接被评价，需要被拆解为若干个评价指标体系中的一级指标，以便于直观的测试与评价，如图 4.9 所示。

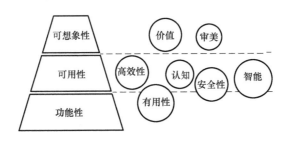

图 4.9　汽车人机交互的目标与对应的评价指标

有些评价指标并非只涉及一层人机交互的设计目标，但这些评价指标在某一个设计目标中会有明显的偏重。因此，设计目标与评价指标有着较为明显的一一对应关系。功能性主要体现在有用性。可用性主要体现在高效性、安全性、认知、智能。可想象性主要体现在价值与审美。

这些评价指标又可以分为理性与感性两大类。其中，理性部分包含了有用性、安全性、高效性。而感性部分包含了认知、智能、价值、审美，如图 4.10 所示。

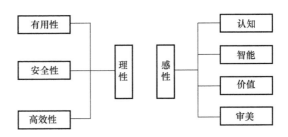

图 4.10　汽车人机交互评价指标中的 7 个一级指标

4.2.1　理性指标

理性评价指标将人与机器视为一个可以被高度简化的系统。这套系统的输入与输出拥有显而易见的因果关系。这套系统获得一个任务指令，就会产出一组较为确定的驾驶绩效与交互任务绩效结果，而影响结果输出的是这套系统内部人与机器的交互，如图 4.11 所示。对理性指标的测量更偏向于对结果的测量，而测量的方法也更像是工程测试。例如，如果一项交互任务需要更复杂的操作，那么它就一定需要更长的操作时间，二者之间拥有很强的因果关系。我们只需要测量任务时间，就可以反推出任务的复杂程度。又如，如果屏幕上需要点击的图标距离驾驶员很远，需要倾斜身体才能操作，那么它就一定会影响驾驶过程中的车道保持能力。二者之

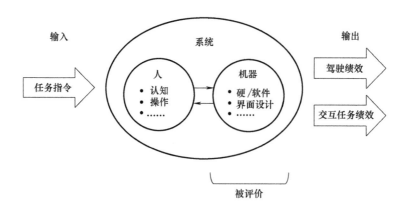

图 4.11 理性评价指标的视角

间也有很强的因果关系。我们可以通过测量车道偏移程度来判断在驾驶过程中使用人机交互系统的潜在安全风险。

汽车人机交互评价理性指标的设定主要参考了国际标准 ISO 9241。该标准中，可用性（usability）包含有效性、高效性、满意度。其中，有效性、高效性被选择为理性评价指标中 2 个一级指标的基础。由于 ISO 9241 并非专门针对汽车人机交互，因此汽车人机交互评价的一级指标需要在此基础上进一步细化，提高针对性。另外，满意度因为较为主观和感性，不被应用于理性指标，而会被后续的感性指标所进一步阐释。

有用性（utility）是指汽车人机交互能够有效地、准确地、稳定地以特性方法完成某种特定交互任务的能力。具体来讲，有用性包括是否能够通过特定的交互模态来实现特定的交互任务、完成特定交互任务的成功率，以及在复杂工作环境下是否能够稳定地完成交互任务。有用性来自于 ISO 9241 中的有效性（effectiveness），但范围比有效性更大一些。

高效性（efficiency）是指完成特定交互任务时用户与人机交互系统所消耗的相关资源。对用户而言，资源主要指任务时间、肢体动作、视线的注意力等。对人机交互系统而言，资源主要指响应时间。汽车人机交互的高效性一般要求交互任务作为驾驶次任务，即驾驶员并非全神贯注地操作人机交互系统，而是要在驾驶的过程中优先保证行车安全。相比智能手机等电子产品，汽车人机交互设计想要达到更好的高效性，面临更大的挑战。

在 ISO 9241 的范围之外，对汽车人机交互的评价还必须加入安全性。因为驾驶员在驾驶车辆的同时操作人机交互系统，必然会带来驾驶分心，并有可能造成安全隐患。

安全性（safety）是指驾驶员一边驾驶车辆一边执行汽车人机交互系统的任务时，汽车人机交互系统抑制驾驶分心，提高行车安全的能力。

安全性在汽车人机交互系统评价中十分特殊，因为它所评价的并不是人机交互系统本身，而是这套人机交互系统作为一组驾驶次任务，对于另外一组驾驶主任务的影响。类似的评价指标在其他行业领域较为罕见。例如，我们在评价一款智能手机应用时，不会考虑用户在使用它的时候，还能否同时看电视。平衡驾驶次任务与驾驶主任务的关系，这正是汽车人机交互设计与评价所面临的巨大挑战。

三个理性指标是有先后关系的。汽车人机交互系统中的功能，首先要能用，即具备有用性；其次要能在开车时用，即具备安全性；然后再需要好用，即具备高效性。

4.2.2 感性指标

感性评价指标针对的是人在使用交互系统过程中的反应与感受。感性评价指标不再将人与车视为一套整合的系统，而是更加强调人的复杂性，包括认知、动机、价值观、审美等不同的层次。感性评价指标力求去探索那些影响人的反应与感受的机制，而驾驶绩效、交互任务绩效在感性评价的视角下只是间接地输出结果，不做重点研究，如图 4.12 所示。感性评价指标非常丰富，测量所需要应用的方法也是多样的。例如，如果中控屏中的元素过多，用户在寻找特定元素时就会较为困难。拟人化设计的语音助手形象可以提升用户被陪伴的价值，从而对产品产生更深的依赖。

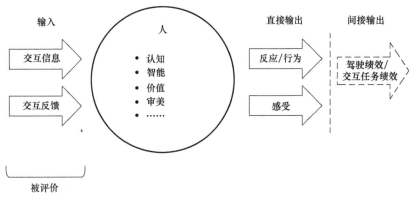

图 4.12 感性评价指标的视角

从感性视角评价汽车人机交互系统非常重要，也充满挑战。ISO 9241 中提到的满意度（satisfaction）是指：产品或服务达到用户需要与期待的程度所导致的用户生理、认知、情绪的反应。这个定义相比有效性和高效性更加抽象，从它直接得到可执行的感性评价一级指标较为困难。因此，需要从汽车人机交互相关学科研究以及汽车人机交互设计目标的三个层次（图 4.1）来设定感性评价一级指标。

在可用性层面，我们需要认知和智能两个指标。

认知（cognition）是汽车人机交互让用户在使用过程中正确并高效地进行感知、理解、记忆、应用的能力。认知中的详细指标源自于认知心理学，而认知心理学是交互设计最重要的基础学科。认知对于感性评价非常重要，它可以从成因上对系统的可用性水平做出解释。

智能（intelligence）是汽车人机交互在复杂使用场景中为用户提供全面的、主动的、精准的服务的能力。这里对智能的解释源自于对人类智力的定义。相比智能一词在产业中较为宽泛的词义，这里的智能更加聚焦，强调人机交互系统能力边界的拓展。更好的智能一方面可以增强功能性，更重要的是能够对可用性持续优化，做到主动化、直觉化的体验。

在可想象性层面，我们需要价值与审美两个评价维度。

价值（value）是汽车人机交互让用户产生的想象与用户固有价值观的匹配程度。依靠想象提升价值的设计本身通常并不能直接提升功能性和可用性。价值体现了人机交互系统对于用户的象征意义。价值的底层是文化，而文化是决定某一特定用户群体独特需求的根本原因。因此，文化研究是价值评价的基石。

审美（aesthetics）是汽车人机交互系统视觉界面的设计与典型审美趋势的契合程度。审美是界面设计本身给用户最直观的感受，通俗来讲就是好看与否。审美指标的考察维度主要参考界面设计中的平面构成、色彩构成与立体构成。这三大构成是艺术设计的学科基础。

审美是非常主观的，为什么还要被放在评价体系之中？因为设计是否好看，确实是很多用户主观评价一套人机交互系统的重要依据，所以它在评价体系中不可或缺。但是，在选取评价对象时，我们尽可能将它的范围缩小，只考虑屏幕内图形界面的设计，而不考虑座舱的总体布局和实体按键的造型设计，因为前者更容易被抽象成原则和建议。

4.3.1 理性指标与感性指标

理性指标与感性指标是从不同的角度考察汽车人机交互的水平，但这些指标彼此之间也会有一定的关联。

认知的评价结果有时候会是安全性和高效性中存在问题的原因。例如，过小的文字不易看清，是认知中的元素可见性，那么这很可能会导致安全性中驾驶保持能力的降低以及高效性中任务时间的增长。虽然认知与安全性、高效性有相互支撑的关系，但它们并不能完全画等号。一方面，认知考察的范围更大，也就是说并不是所有认知方面的不足都一定会直接导致安全性或高效性方面的问题。另一方面，安全性与高效性方面的成绩是整个人机交互系统综合设计的结果，并不一定能够拆分并溯源到具体的某一个或某两个认知方面的指标。因此，认知与安全性、高效性都是不可或缺的。

智能与有用性这两个评价指标在对某些功能的评价形式上可能有些相似，例如二者都会去考察人机交互系统是否支持某个具体的功能。但是，智能与有用性有着显著的区别。从功能范围上，有用性的评价对象是当前市场环境下已经普及的基本功能，而智能的评价对象则是普及率相对较低的新功能，并且大多数新功能依赖实时的网络服务。从评价流程上，有用性将每一个功能拆开来评价，而智能会强调特定场景下一组连续功能之间的相互协同。

理性指标和感性指标的度量方法有一个显著的差异。理性指标的评价强调不要出错，所以通常存在一个最优的理论值。例如，任务执行的成功率做到100%就是最优的。有时候这个最优值并不能真正达到，但它作为一个最佳的上限值是不容置疑的。例如，交互任务对驾驶员车速保持、车道保持的影响最小就是0。但是，感性指标的评价强调可以做到更好，所以通常并不存在一个理论的最优值。在度量标准中的满分成绩只能人为去设置。例如，系统支持生态功能的数量理论上越多越好，没有上限。

4.3.2 主观性较强的指标

指标的理性与感性，评价的客观与主观，这两组概念有时会被混淆。可能会有人粗浅地认为理性指标就是客观的，感性指标就是主观的。但其实，这两组概念并没有必然的对应关系。理性指标也可以是主观的。例如,驾驶员为一段驾驶过程进行安全程度的主观打分。感性指标也可以是客观的。例如,屏幕上图标的可见性,可以通过尺寸大小、与背景之间的色差等客观数据来描述。不过,大多数理性指标确实更容易用客观的标准来评价,而有一部分感性的指标则不容易用客观标准来评价。在四个感性指标中,认知与智能中的大多数内容容易实现客观评价,而价值与审美中的内容则普遍较为困难。

价值与审美两个指标有着较强的主观性。如果请专家进行主观的评价,很可能是不同的人有不同的观点,但是每个人的观点也都有道理。这样就无法做到标准化。如果需要进行标准化、可量化的评价,则可以提供一些典型的参考案例作为检查清单,并判断被测的产品是否满足了这些参考案例。例如,颗粒度高的粒子元素可以体现科技感的审美倾向。

这种检查清单评价方法有两个特点。首先,因为参考案例本身是已有的设计,所以它只能引导产品达到当前市场环境下较好的设计水准,却并不能覆盖引领性的前瞻设计。另外,因为主观指标因人而异,每个一级指标下所考察的方向也应该是多样的,而且不同方向的成绩是不可累加的。例如,在审美指标下,有科技感、豪华感等不同的审美方向。一套人机交互系统可以在不同的审美方向都做到比较好的水平,也可以在某一个方向上做到极致。我们不能说前者的设计比后者更好,只能说它们的定位取向各有特色,或者说在某一个审美方向上,哪套系统做得更好。

4.3.3 指标之间的相互制约

基于这样的评价指标体系,是否存在一个理论上的最优解,让所有评价指标都做到最好?答案很可能是否定的。因为各个指标之间会存在相互的矛盾与制约。以苹果智能手机为例,它将各种应用中的返回键都设计在屏幕的左上角,如图4.13所示。这样做从认知的角度来看是很好的,一方面这个位置不易被手遮挡,有了很好的可见性,另一方面它的位置固定,容易被记忆和寻找。但是,当用户右手单手握持手机的时候,拇指触及返回键较为困难,这会影响操作的高效性。汽车人机交互系统比智能手机更加复杂,类似指标之间的制约也更加常见。既然评价指标之间存在矛盾与制约,那么在进行产品设计开发时,设计者就应当考虑自身产品与目标人群的定位,在评价指标之间做出适当的取舍。

图 4.13 苹果智能手机中的不同应用都将返回键设计在左上角

第5章

有用性

5.1　发展与形成

有用性（utility）是指汽车人机交互能够有效地、准确地、稳定地以特性方法完成某种特定交互任务的能力。汽车人机交互的有用性指标来自于国际标准 ISO 9241 可用性定义中的有效性（effectiveness），是可用性定义的三大基本指标之一。有效性是指用户完成特定交互任务的准确性和完整性。

对于汽车人机交互而言，有效性已有的范围不足以来应对所有相关的问题，所以才需要定义一个范围更宽广的有用性。这是因为汽车人机交互有三点特殊性。

第一，汽车人机交互的任务数量很多，但每款车型能够实现的任务数量并不相同。例如，有些车型的导航系统可以在规划的路径中添加途经点，有些车型则不能。有些车型可以收听在线音乐，有些车型则不能。因此，汽车人机交互的有用性要先评价一个功能有没有，再评价它的使用过程是否有效。功能数量的差异在汽车之外其他设备的评价中通常不被重视。对家用电器而言，例如抽油烟机，各种产品的主要功能一般都是一样的，没有差异。对于智能手机而言，虽然它们也拥有非常丰富的功能，但是功能数量的差异通常不出现在操作系统中，而出现在应用软件中，例如高德地图。而对于智能手机的评价一般并不涉及具体的应用软件。

第二，一个交互任务有时可以使用多种交互模态来完成，并且不同车型所提供的交互模态还不相同。例如，有些车型打开天窗只能够使用实体按键来完成，而另一些车型还可以使用语音控制或者中控屏来打开天窗。因此，汽车人机交互的有用性需要考察交互模态与交互任务之间的匹配丰富度。类似的情况在汽车之外的其他产品上较为罕见。例如，在智能手机的地图应用软件中输入导航目的地，几乎所有手机都可以提供屏幕打字和语音控制两种交互模态，没有差异，也就无须对比。

第三，汽车人机交互的使用环境非常复杂。例如，交互系统可能被阳光长时间直射，在高温环境下工作。语音交互的传声器在收声的时候除了用户说话的声音，还会被复杂的噪声所干扰。而且，这些环境的干扰一旦出现，用户通常无法主动将其消除，系统必须直接面对。因此，汽车人机交互的有用性需要考察各种复杂环境下系统的稳定性。相比而言，其他电器设备和消费电子产品的工作环境就相对更加简单。

5.2　评价指标

汽车人机交互评价中的有用性可以拆分为功能支持、任务成功率、可触及性、稳定性、模态增强等二级评价指标。

5.2.1　功能支持

功能支持是指系统是否能够通过某种交互模态实现某个交互功能。例如，是否能够通过语音来输入导航目的地。有些交互功能不需要驾驶员直接输入，它们的功能支持不需要考虑交互模态。例如，车辆即将到达路口时，车道引导信息会自动显示出来。对于车道引导这一信息显示的功能支持，只需要考察是否有此功能，而不需要考虑交互模态。

1. 交互任务与交互模态

从功能支持的定义可以看出，它分为两个层次，先考察是否有某个交互功能，即交互功能的丰富程度，再考察能否用某种交互模态来实现。

功能支持中涉及的交互功能会覆盖第 3 章所定义的基础交互任务和扩展交互任务，见表 5.1。当前中国市场上的主流智能汽车产品通常都会支持表中 90% 以上的任务。只有少数与硬件成本直接相关的任务才会在价格较为低廉的产品中无法支持，例如座椅加热、氛围灯等。因此，交互任务的丰富程度在不同产品之间的差异较小。

表 5.1　常见的基础交互任务与扩展交互任务

模块	基础交互任务	扩展交互任务
媒体及娱乐	搜索歌曲、提高音量、下一首歌、切换到蓝牙音源	播放媒体、收藏歌曲、电台播放、视频播放
地图导航	输入目的地并开始导航、查看路线全览、关闭语音播报、添加途经点、添加沿途加油站/充电桩、退出导航	常用目的地导航、查询兴趣点、调整为详细播报、打开路况信息、切换到 2D 地图

（续）

模块	基础交互任务	扩展交互任务
电话	输入号码并呼叫、拨号给指定联系人、接听来电	
空调	关闭空调、调高温度、调高风量、切换到外循环	
车辆控制		打开座椅加热、打开除雾、调节风向为吹头部、打开车门锁、打开行李舱、切换驾驶模式、打开左前车窗、打开右后车窗、打开天窗、打开一半天窗、关闭遮阳帘、关闭中控屏、切换氛围灯颜色

对于同样的交互任务，不同车型所支持的交互模态会有显著的差异。有些车型更倾向于给每个任务都提供非常多样的交互模态，让用户自己选择；有些车型则将交互模态的重点放在中控屏和语音控制上，尽可能减少实体按键。这种设计策略的选择与内饰造型的理念相关。

表5.1中多数的交互任务是由人机交互系统本身进行输出，信息通过屏幕显示出来或通过语音播报出来，这些功能的缺失是人机交互系统的不足。例如，如果导航系统不支持添加途经点，那么无论使用触屏还是语音，添加途经点这一任务都会扣分。但是，有些任务的输出是人机交互系统之外的车辆电器，判断这些电器的有无就超出了人机交互评价的范围。例如，一辆汽车有天窗却无法通过语音开启，那么用语音开启天窗的测试条目则要扣分，而另一辆汽车本身就没有天窗，那么用语音开启天窗的测试条目将被去除，不再讨论是否扣分。

2. 信息显示

除了基础交互任务和扩展交互任务之外，功能的丰富度还涉及一些信息的显示，包括导航信息显示的内容与行车信息显示的位置。

地图导航相关的信息显示丰富程度在不同车型之间有着显著的差异。这一方面是因为地图导航的功能非常复杂，对信息的丰富性、实时性要求很高，另一方面这些信息还需要有强大的车端传感器和云端数据的支持。2010年之后，智能手机上的地图导航应用软件发展迅速，以至于很多用户更倾向于使用手机导航，而不愿意尝试车载导航。汽车人机交互系统必须要将导航做得足够优秀才能赢得用户的青睐，同时又不能简单地将智能手机的导航功能搬过来。主流智能汽车产品的中控屏尺寸在10in以上，至少是智能手机屏幕面积的3倍左右，更大的面积能够显示更多的信息，让车载导航有了更多创新的空间。

在车载地图导航系统的界面里，除了非常基础的道路位置、驾驶引导、目的地距离等信息，还可以提供例如以下这些信息，从而更好地引导用户驾驶。

1）连续路口的驾驶引导。随着城市道路变得越来越复杂，常常会出现两个路口距离很近的情况，如图5.1所示。如果驾驶员在驶离第一个路口之后才知道进入第二个路口应当行驶的车道，可能就来不及做出反应了。如果导航系统出现了几秒钟的延迟，更是有可能在车辆驶入第二个路口之后还没有给出引导，这样会大大增加走错路的可能性。因此，如果能够显示接下来两个或更多路口的引导信息，就能够让驾驶员更好地做出准备，如图5.2所示。或许是因为屏幕尺寸有限，国内主流智能手机导航应用在2020年之前都不能提供第二个路口的引导。因此，一些智能手机投屏的导航应用以及一些基于智能手机导航开发的车载导航系统也并没有这个信息。

2）道路动态规则。可能发生变化的道路规则有四种常见的情况。第一是固定

图5.1 在上海市内环高架与南北高架立交桥，驶入匝道后约25m立即进入又一个岔道

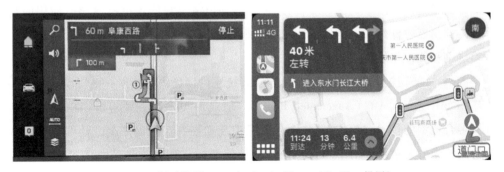

图5.2 保时捷Taycan与Apple Maps（CarPlay投屏）

提供第二个路口的引导（拍摄于2021年）

时段的专用车道，例如早晚高峰时段的公交专用道。第二是潮汐车道，即在不同的时段，车道的行驶方向会发生变化，例如从西向东变为从东向西，如图 5.3 所示。第三是路口的可变车道，例如左侧第二条车道有时是左转，有时是直行。第四是高速公路的限速在道路湿滑或能见度不足时变得更低。第一种情况的规则是基本固定的，比较容易在导航中进行动态提示。而后三种情况并没有可见的固定规则，如果要提供实时的动态信息，需要导航系统与道路交通管理机构进行实时协同。

图 5.3　上海市外白渡桥的潮汐车道，行驶方向根据动态箭头实时引导

3）车辆偏航情况。在车辆偏离导航规划路径时，导航必须及时重新计算路径，否则原来规划的引导内容就会对驾驶员造成错误的干扰。车辆在水平方向上的偏航容易通过卫星定位发现，但是在竖直方向的偏航则很难只通过卫星定位发现。例如车辆在高架桥上错误地提前驶入下高架的匝道。这时就需要高精度的加速度传感器识别车辆是否在竖直方向产生加速度，从而判断车辆是否在上坡或下坡。表现优秀的车辆可以在竖直高度降低 3m 时就发现车辆正在下坡，而另一些车型的导航系统则完全无法判断车辆的竖直高度变化。CarPlay 等智能手机投屏导航使用的是手机内部精度较低的加速度传感器，所以很难实现车辆竖直高度的识别，一般无法主动辨别相关的偏航情况。

未来，随着技术的进一步发展，导航系统还可以提供更精准、更沉浸的信息。

4）AR 导航。AR（Augmented Reality，增强现实）是一种将虚拟信息与真实世界融合显示的技术。AR 导航将引导的标识叠加在真实的道路上，让驾驶员直观地看到要走哪条道路，而不用再把抽象的导航图标与真实的路况做认知匹配。AR 导航呈现的方式主要有两种。第一种在仪表屏或中控屏上呈现，将摄像头拍摄的前方道路实时显示在屏幕上，并把引导标识叠加上去，如图 5.4 所示。这种 AR 导航的视野角度（FOV）很大，引导标识的视觉贴地感很好，但是驾驶员必须要低头才能看到这个导航界面。第二种是将引导标识通过 HUD（抬头显示器）显示在驾驶员视野的正前方，并与实际道路进行贴合，如图 5.5 所示。这种 AR 导航让驾驶员可以一直正视前方，最大限度避免了视觉分心，但是 HUD 画面的视野角度目前只能达到 12°左右，且引导标识视觉贴地感的建立有一定难度。

图 5.4　梅赛德斯-奔驰 A 级（2019 年）中控屏上的

AR 导航（来源：Mercedes-Benz Group）

图 5.5　梅赛德斯-奔驰 S 级（2020 年）HUD 上的

AR 导航（来源：Mercedes-Benz Group）

　　5）实时车道信息。当前主流的导航系统只能给出建议的行驶车道，却不能根据车辆当前正在行驶的车道建议向左或向右变道，这是由于导航系统无法实时地精确了解车辆具体处在哪一条车道。未来，利用高精定位与视觉识别等技术，可以精准定位车辆所在位置，从而给出变道建议。这一技术不仅可以提升导航系统的性能，也能够拓展自动驾驶能力的边界。

需要注意的是，功能支持只考察信息的丰富程度，而不考察具体的呈现方式。例如，精美的实景路口放大图并不能比简略的路口放大图提供更多的核心信息，所以前者提升的不是有用性，而是认知中的元素可理解程度。

此外，生态服务功能也不计入有用性的功能支持中，而归属于后续的智能指标中。这是因为生态服务功能范围较广，更新迭代较快，并且一些新功能的必要性还没有定论。也就是说，功能支持下的被测条目一定是实现得越多越好。但是对于一些新的生态功能，例如在汽车人机交互系统中预订酒店房间，是否真的有必要出现，可能还有争议，不能绝对地说没有做到这一功能就是有用性缺失。

5.2.2　任务成功率

任务成功率是汽车人机交互系统成功且无误地完成某项交互任务的次数与操作总次数的比例。造成任务失败或出错的原因有很多，可能出现在用户输入指令的过程，也可能出现在人机交互系统识别指令、执行指令的过程，如图5.6所示。

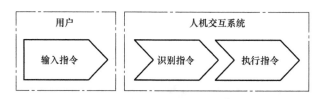

图 5.6　任务过程中可能出现错误的环节

用户输入错误的指令表现为错误的交互路径，即用户无法按照正确的步骤完成交互任务，而是点击了错误的图标、按下了错误的按键、说出了错误的指令。有时候，用户在发现操作错误后可以返回上一步继续正确的操作，有时候则只能从头开始操作。交互路径出现错误的原因通常是用户无法清晰地看见、正确地理解界面上的图标或文字，不知道如何进行正确的操作，只能进行试错。对于那些在驾驶中常用的任务，应当确保多数用户都可以做到100%的交互路径正确率。而那些使用频率很低的、非常复杂的交互任务，通常藏在很深的目录层级中，不易寻找和记忆。我们可以适当放宽对它们交互路径正确率的要求，例如切换行驶信息的计量单位。

人机交互系统应当成功并正确地识别用户的各种指令输入。对于实体按键，正确地识别到用户的每一次按压并不困难，除非按键本身出现了机械故障。对于触屏，有可能因为用户手指点击位置偏差、点击时间太短、点击时出现滑动等原因造成输入识别的失败。要减少这些失败的可能性，就需要合理设计图标的面积大小，并提升屏幕硬件的灵敏度和容错度。对于语音控制，如果通过唤醒词唤醒系统或者直接说出免唤醒的任务，有可能出现唤醒失败的情况。通过专门的语音控制按键或图标来唤醒则一般不会出现失败。在用户说出具体的指令之后，语音识别系统可能会因为收音不清晰、用户发音不标准、网络连接不稳定（语音识别一般需要云端支持）、语义分析能力不足、词库不全等原因，无法正确地识别出用户所说的每个字。例如，将"导航至嘉亭荟（上海市的一座商场）"识别为"导航至家庭会"。

人机交互系统识别用户的指令之后，还要能够正确地执行。对于按键和触屏，正确地执行识别出来的指令并不困难，除非出现系统严重延迟或死机。对于语音控制，即便系统正确地识别了用户说的每一个字，也可能出现系统无法完成这个任务或者系统错误执行这个任务的情况。例如，车辆理解了用户所说的"打开天窗"，系统却未必支持用语音来执行此任务，只能回答"语音暂不支持打开天窗"。这是因为语音的输入范围是开放的、无边界的，而按键和触屏的输入范围拥有明确的边界，即车辆系统所能够执行的范围。

对一项任务的失败，要区分是系统识别指令失败还是执行指令失败，就需要系统能够展现出识别指令的状态。例如，在点击触屏的图标后，图标改变颜色或发出滴答声，或者在用户说出语音后，屏幕将识别的文字显示出来。然而，很多车型并不能提供这样的识别状态展示，我们也就只能将指令的识别成功率和执行成功率整合起来考察。

此外，一些没有用户输入的任务也存在成功率。例如，导航系统通过卫星定位和加速度传感器识别偏航的成功率。

5.2.3 可触及性

可触及性指在实现某个功能的过程中需要点击的位置能够被用户手指触及的轻松程度。如果这些位置距离用户身体过远，用户就必须向前耸起肩膀，或者向右移动身体才能够成功操作。这样不仅会影响操作的便利性和舒适性，在驾驶过程中还可能导致车辆方向不稳定，产生安全隐患。在实际评价的过程中，可触及性主要针对触屏交互。这是因为很多车型中控屏上图标的可触及性表现不佳，需要得到广泛的重视。而多数车型中控按键的位置天然就更靠近驾驶员，可触及性通常不会出现问题。

国际自动机工程师学会（SAE International）的 SAE J287 标准提供了一套驾驶员手控可触及区域的推荐测量方法，如图 5.7 所示。图中建立了以 H 点（髋关节中心）为原点的三维正交坐标系（对于坐姿很高的车或身高很高的驾驶员，原点相比 H 点会向前调整）。驾驶员面前网格的每个节点都有固定的 Y 向坐标值和 Z 向坐标值，而每个节点的 X 向坐标值（朝向车头方向为正）可以通过查表得到。所有节点所组成的内侧、外侧曲面分别近似于一个以肩关节为球心的球面。X 向坐标的参考值与 3 个因素相关。首先是驾驶员操作时手的姿势。基准数值是驾驶员用拇指、食指、中指抓住直径 25mm 的旋钮。如果驾驶员用一根手指去点击，X 向参考值可以加长 50mm，如果驾驶员用掌心去握持，X 向参考值则减少 50mm。其次是车辆的坐姿。坐姿较高的车型（如 SUV）相比坐姿较低的车型（如跑车）座椅靠背通常更加直立，所以 X 向参考值更大。然后是驾驶员的身高。SAE J287 的参考值可以让 95% 的美国驾驶员群体触及。而这个群体中的男女比例可以根据车型的具体定位进行调整，一般可以选择 50：50、75：25、90：10。群体的身高越高，X 向参考值越大。

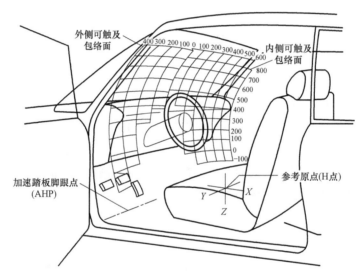

图 5.7　驾驶员手控可触及区域的推荐测量方法

（来源：SAE J287 驾驶员手控制区域）

这种测量方法有 4 点需要注意。第一，让 95% 的人都能触及，并不是身高处于 95% 分位数的人（较高的人）所能触及的范围，而应该是让 5% 分位数的人（较矮的人）也能触及。如果对此理解有误，将会把中控屏的可触及性设计得很差。第二，这里的可触及区域是指驾驶员佩戴安全带时身体前倾的可触及范围，而身体前倾在车辆行驶过程中会影响车辆操纵稳定性。因此，该范围内距离驾驶员较远的区域还是会影响驾驶安全。第三，对于不同身高的人，H 点距离加速踏板脚跟点（AHP）的距离是变化的。第四，SAE J287 中的标准是针对美国人的体型定义的，而面向中国市场进行测试时，最好可以针对中国人的体型做出调整。

SAE J287 标准在汽车设计建模过程中有着非常重要的作用。然而，当我们对一辆真实量产车进行测试时，在座舱内复现这样的三维坐标是较为复杂的。另一种较为简单的测试方法是球坐标测量法。以驾驶员肩关节为原点，用不同长度的线在中控屏上画弧，也就代表了手指可触及区域的球面与中控屏所在平面的相交线。这样可以通过观察屏幕上图标与所画圆弧的位置关系，确定图标与驾驶员肩关节距离的范围。基于 SAE J287 标准进行等效换算，在使用球坐标测量时，以肩关节靠在椅背上的位置为球心，驾驶员可触及的最大半径大约为 900mm。这一距离超过了驾驶员的手臂长度，是因为驾驶员在使用触屏时，肩膀会离开椅背向前伸，有时驾驶员甚至还会让整个上半身都朝右前方移动。如果考虑到操作舒适性和驾驶安全性，800~850mm 的距离范围会更加合适。以图 5.8 中的梅赛德斯-奔驰 EQC 为例，在进行输入目的地这一任务的过程中，所有图标都处在距离驾驶员 840~850mm 之间的范围内。而如果有一个图标出现在右上角，它距离驾驶员的距离将会超过 880mm。

无论哪一种测量方法，对 H 点的定位都至关重要。H 点前后位置的误差将完全反映在测量数值的偏差上。因此，确定 H 点需要细致地测量与定位。

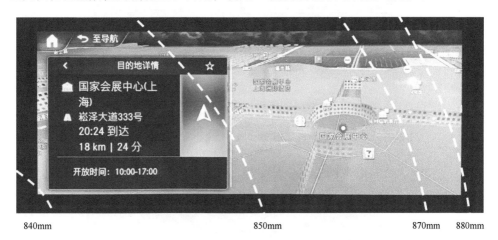

840mm   850mm   870mm   880mm

图 5.8 梅赛德斯-奔驰 EQC（2019 年）中控屏可触及性示意图

5.2.4 稳定性

汽车人机交互系统的工作环境非常复杂，能够在实验室中运转良好的系统未必能够稳定地应对所有真实的使用环境。汽车人机交互系统一方面需要能够应对复杂的光线和复杂的噪声，同时还要提升自身的散热性能和稳定工作的能力，具体体现在如下几方面。

1）抗反光性能。屏幕上出现的反光会影响用户阅读屏幕中的内容，从而无法正确地、安全地、高效地完成交互任务。如果屏幕反射了强烈的阳光，甚至还可能会影响驾驶员正视前方的道路。阳光可能来自各个方向，从尾窗、侧窗、天窗射入车内。此外，车内人员的面部、内饰的浅色部分也可能会在屏幕上产生反光。2010年之前的很多车型会在中控屏和仪表外侧安装向下倾斜的凹面透明罩，以过滤掉外界光线的反射，如图5.9所示。然而，随着屏幕尺寸的不断增大，以及触摸功能的加入，这样的设计无法延续。当前情况下，改善屏幕反光可以在屏幕表面进行镀膜处理、调整屏幕的俯仰和倾斜角度、使用内凹的曲面屏，如图5.10所示。

图5.9　宝马5系（2004年）中控屏和仪表外有向下倾斜的
透明罩（来源：BMW Group）

图5.10　保时捷Taycan（2020年）内凹的曲面仪表屏（来源：Porsche AG）

2）抗噪性能。在车舱内有噪声的情况下，语音控制依然应当能够正常使用。抗噪性能的挑战主要有三点。首先，车舱内的噪声非常复杂，包括发动机/电动机的噪声、轮胎滚动的噪声、空气流过的噪声。用户不会为了实现更好的语音识别率而刻意地降低车速，所以这些噪声都是难以减弱的。其次，车舱内的传声器通常布置在顶篷前部或仪表台，距离用户的嘴部有一定的距离，并且用户通常也不知道传声器的位置。所以用户不会像使用电话那样，主动地靠近并朝向传声器来讲话。另外，车内还有音响的声音和其他人员的说话声，也会对语音的识别产生干扰。

3）散热性能。在夏季阳光直射的环境下，汽车仪表台的温度会被阳光加热到70℃以上，而此时仪表台下的人机交互系统硬件也会不断发热，二者叠加又会进一步提高系统的工作温度。过高的温度会影响系统硬件的运行稳定性和使用寿命。如果触屏表面的温度升高还会让用户在点击时感到不适。因此，良好的散热性能对于汽车人机交互系统非常重要。

4）不易死机。在使用全过程中，人机交互系统不应出现死机、自动重启的情况。这些情况会导致用户严重的焦虑与烦躁，对产品的综合性能产生极大的负面印象。死机和重启如果影响了导航引导信息的显示，就可能导致驾驶员走错路。如果影响了行车信息、驾驶辅助等内容的显示，还有可能导致交通违法和交通事故。

5.2.5　模态增强

随着汽车人机交互的快速发展，各种交互模态之间可能会相互交叉与影响。这些情况无法完全分类到3.2节所定义的四种典型交互模态中，但又不足以形成一种新的交互模态。所以，我们这里提出模态增强的二级指标，将相关的问题归入其下。模态增强所包含的具体内容会随着技术的发展而不断拓展，当前需要重点讨论的主要有以下两点。

语音交互模态既要拥有独立性又要拥有互补性。语音控制与触屏、按键等交互模态不同，它是唯一不需要用户产生任何肢体动作的模态。用户在使用语音进行操作的时候，很自然地会认为只使用语音就可以完成某个任务的所有步骤。然而一些车型的设计并非如此。例如在使用语音输入导航目的地、选择驾驶路径之后，有的车型必须要用手点击屏幕上的"开始导航"图标才能开始导航，而不能用语音来完成这一步。这样缺乏独立性的语音交互扰乱了用户认知中对交互模态理解的连贯性，给用户的使用带来不便。语音交互任务的每一步都能够用语音来控制，并不是说每一步都只能够用语音来控制。在语音交互的过程中，有些步骤应当允许用户用触屏介入，让语音与触屏的优势相互补充。尤其是在交互系统根据用户的语音输入给出一个列表可供选择时，用户朗读出想选的内容或者该内容的编号，效率可能较低。这时，一些用户更倾向于使用触屏来直接进行点击选择。

"可见即可说"这种新型交互方式在2021年由小鹏汽车率先推向市场，并被其他企业争相效仿。用户可以用语音直接读出屏幕上的内容，无须点击，就可以进行交互。例如，理想 One 在音乐的界面中，用户说出"排行"，页面中的排行图标上就会出现蓝色的动态小圆圈，然后进入排行里的音乐列表，如图 5.11 所示。"可见即可说"虽然只用到了语音，没有任何点击，但它所遵循的交互路径完全是中控屏的，需要一级一级地点击进入，而不是语音控制那样可以直达深层级的任务。因此，"可见即可说"形式上是对语音控制的拓展，目的却是对触屏交互的增强。"可见即可说"可以让驾驶员在双手不离开方向盘的情况下操作中控屏，避免了伸手点击造成的方向盘握持不稳，从而提高了安全性。对于距离驾驶员位置较远的图标更是如此。但是，用户朗读屏幕上内容的时间要长于直接用手指点击图标的时间，系统对语音做出识别和执行的时间也要长于对触屏输入的反应时间，而且"可见即可说"并不能像典型的语音控制那样减少交互的步骤。所以"可见即可说"在高效性上存在先天的劣势，短期内只能作为补充式的交互方式，而难以成为主导性的交互模态。

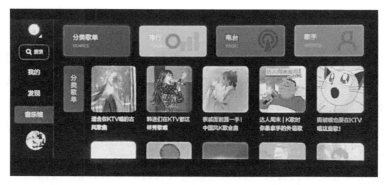

图 5.11　理想 One（2021 年）用"可见即可说"方式选择音乐界面中的"排行"

5.3　评测结果总结与设计建议

5.3.1　产品定位与设计策略

汽车的很多性能指标与车辆的价格正相关，因此在进行车辆对比的时候，常常会将它们分为不同的细分市场（segment）。级别越高的产品自然会拥有更好的动力性、更好的操控性、更好的舒适性。然而，对于汽车人机交互而言，这个规律并不显著。当前中国市场上所有售价 15 万元以上的产品以及一部分售价 10 万元以上且强调智能化的产品，在人机交互的有用性方面都可以直接对比。首先，这是因为智能座舱是几乎所有汽车产品的重要卖点，没有哪个主流的品牌愿意在这个领域落后于竞争对手。对于价格相对较低的我国本土汽车品牌更是如此，其智能座舱相关软硬件在车价中的占比要高于传统的国际品牌。此外，汽车人机交互在基础硬件满足一定水平的时候，后续的提升主要依靠软件，而软件一旦开发完善对于每辆车的边际成本是非常低的。也就是说销量多、价格低的车型可能比销量少、价格高的车型可以在软件开发方面拥有同样的或者更多的投入。在有用性之外，其他一些一级评价指标与成本的关联更弱，因此通常也都不需要根据价格分为不同的细分市场来进行对比。

功能支持中交互模态的选择与车型设计的策略相关。例如，特斯拉在 2017 年推出的 Model 3 就没有任何中控区域按键，也没有仪表屏，而用一块中控屏整合了它们的功能，如图 5.12 所示。将人机交互的实体硬件不断简化是当前的显著趋势。作为"看得见"的交互模态，更大的屏幕、更多的按键会增加制造成本，但节约成本也并非这一趋势的唯一理由。一方面，实体按键会在造型上挤占其他元素的空间，尤其是会与大尺寸的竖屏在位置上出现冲突。另一方面，实体按键的功能是固定的，无法通过后期的软件升级来进行更新。因此，相对较少的交互模态虽然会在功能支持指标上失分，但并不能说这样的设计就是完全错误的。我们还应该去着重考察它在安全性、高效性、认知等可用性层面的表现是否出色。

图 5.12　特斯拉 Model 3（2017 年）没有中控按键和仪表屏（来源：Tesla, Inc.）

对于语音这种"看不见"的交互模态，它的功能支持范围一定是越多越好。在语音控制被用户快速接受的市场背景下，丰富的语音交互已经成为所有车型的必选项，而不必再去讨论语音对用户价值的提升是高是低。功能丰富的语音交互几乎不会增加硬件成本，同时也不会挤占其他车内元素的造型空间。因此，功能较少的语音控制通常不是由交互设计策略所导致的，而只是因为企业的研发投入不足。

5.3.2 触屏的局限性

可触摸式中控屏以其独特的优势，成为当前汽车人机交互的核心交互模态。屏幕可以实现信息的折叠，用有限的面积显示无限的内容。屏幕上的内容可以直接被手指点击，实现所见即所点，非常直观。此外，大尺寸屏幕本身是汽车座舱科技感的重要体现，也是很多消费者购车时的重要考虑因素。

然而，中控屏的设计在有用性方面依然存在挑战。首先，中控屏触摸的成功率不及传统的实体按键，也就是对用户指令输入的识别率较低。识别率不高的第一个原因是用户手指点击的位置不够精确。对于绝大多数汽车，在点击中控屏时，手肘和手腕都没有支点，用户需要以肩部为圆心来控制整个手臂的动作，所以微小的角度偏差都会导致手指触点的偏离。在颠簸的路面上，对手臂的控制更加困难。人们在使用智能手机时没有这个问题，因为手机相对手掌是固定的，用户只需要以拇指根部为圆心来控制拇指，力臂只有几厘米长，有利于点击的精准性。实体按键的这个问题也不显著，因为按键的边缘通常都有明显的凸凹，用户可以用指尖的触觉感受到自己是否点击在了按键的中心位置，依此做出调整之后再按压。第二个原因是对屏上手势的错误判断，尤其是在颠簸的路面上。用户点击屏幕时，手指可能在屏幕上有微小距离的滑动，因而被系统错误地判断为滑动手势。用户在屏幕上连续滑动时，手指可能短暂地离开屏幕，因而被系统错误地判断为几次滑动或者几次点击。因此，虽然滑动有时候可以提高交互的效率，但是一个在中控屏上能够滑动操作的任务，最好也可以通过点击来操作，否则有可能对任务成功率造成影响，例如空调温度的调整。第三个原因是滑动操作的不精确。如果屏幕本身没有振动反馈，用户无法通过触觉来判断手指滑动的精确距离。例如，手指每滑动 0.5cm 可以将空调温度调高 1℃，那么想调高 3℃ 的话就需要精确地控制手指滑动 1.5cm，这让操作变得困难。一种改进的方法是降低手指滑动调节的速率，例如小鹏 P5 手指每滑动 2.5cm 才可以将空调温度调高 0.5℃，如图 5.13 所示。这样的设计无法让用户滑动一次就大幅度改变空调的温度，但通常情况下人们也并不需要这样做。

中控屏的另一个挑战是可触及性。很多车型在这方面表现不佳，主要有三个原因。第一，有些车型的中控屏在设计之初并非可触摸。例如，2012 年上市的第六代宝马 3 系的中控屏只能通过 iDrive 旋钮来控制，而不能通过屏幕触摸控制，因此它的布置不需要考虑可触及性，所以也就更靠近风窗玻璃，如图 5.14 上图所示。3系在改款时虽然升级为可触摸中控屏，但内饰布局难以大幅调整，中控屏依然处在距离驾驶员较远的位置。2019 款全新一代宝马 3 系在设计之初就考虑到中控屏是可

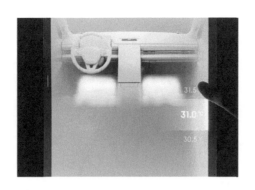

图 5.13　小鹏 P5（2021 年）的界面上手指
滑动约 2.5cm 空调温度变化 0.5℃

触摸的，所以将其布置在更加靠近驾驶员的位置，如图 5.14 下图所示。第二，随着中控屏尺寸变得越来越大，屏幕右侧距离驾驶员的位置必然会更远。如果大尺寸的横向中控屏没有朝着驾驶员侧倾，右侧的图标就不容易触及。第三，可触及性并非屏幕布置要考虑的唯一因素，内饰布局的美观同样重要。一些车型为了实现造型设计的整体感效果，将中控屏与仪表屏布置在同一个平面上，通常也会使中控屏更加远离驾驶员，如图 5.15 所示。

图 5.14　宝马 3 系（2019 款，下图）的中控屏位置相比
前代（上图）更靠近驾驶员（来源：BMW Group）

图 5.15　理想 One（2020 年）的中控屏、仪表屏、

副驾屏设计在同一个平面（来源：理想汽车）

5.3.3　按键的发展

实体按键是一种历史十分悠久的汽车人机交互模态，近年来也在随着数字化的趋势而改变自身的形态。

有一些实体按键呈现出类似于屏幕的外观和触感。传统实体按键与屏幕内图标的区别在于，每一颗实体按键都有独立的触觉边界（一般是一道缝隙）以及独立的下压行程，而屏幕上的图标则没有触觉边界和下压行程。拥有独立下压行程却没有独立触觉边界的按键称为触压式按键，如图 5.16 所示，类似的设计在电饭煲等家用电器上很常见。触压式按键的模组看起来较为简洁，同时又有与传统按键类似的按压手感。既没有独立下压行程也没有独立触觉边界的按键称为触摸式按键，如图 5.17 所示。基础的触摸式按键没有任何触觉反馈，类似于电磁炉的按键操作手感。但如果在触摸面板下方安装振动电动机，也可以模拟类似于传统按键的按压手感，例如苹果 iPhone 6 的 Home 按键。触压式按键与触摸式按键虽然外观更加简洁，在视觉上有时可以带来更好的科技感，但是它们在任务成功率方面都摒弃了传统按键天然的优势。这些失去的优势或许可以通过更加复杂的技术来进行弥补，但它们在可用性方面并不会比传统按键有任何进步。因此，是否选择触压式或触摸式按键，需要在造型设计与有用性之间进行取舍。

还有一些实体按键与屏幕相融合，突破了传统按键功能单一的局限性。例如，福特野马 Mach-E 的中控屏上有一个实体的旋钮，在不同的屏幕显示内容下可以控制不同的功能，如图 5.18 所示。这样的设计既维持了传统按键的反馈手感，同时也让这个区域实现了屏幕的功能折叠。然而，类似的设计在汽车人机交互中的普及速度并不是很快。一方面，这样非常特别的旋钮或按键制造成本很高，用户的感知却未必特别显著。另一方面，将旋钮集成在屏幕上也在一定程度上限制了这部分屏幕面积的功能拓展，例如 Mach-E 的地图页面显然就不适合延伸到旋钮的内部和左右两侧。

图 5.16　凯迪拉克 CT6（2017 年）的触压式按键（来源：General Motors Company）

图 5.17　保时捷 Panamera（2017 年）

的触摸式按键有振动反馈

（来源：Porsche AG）

图 5.18　福特野马 Mach-E（2021 年）

中控屏上的实体旋钮

（来源：Ford Motor Company）

第6章

安全性

6.1 发展与形成

安全性（safety）是指驾驶员一边驾驶车辆一边执行汽车人机交互系统的任务时，汽车人机交互系统抑制驾驶分心，提高行车安全的能力。与其他人机交互系统不同，安全性是汽车人机交互独有的评价指标。因为汽车人机交互中的常用任务通常都是驾驶次任务（secondary task），用户需要一边驾驶一边完成，而又不能对驾驶安全产生显著的影响。而对于手机、计算机等其他设备，用户通常都可以专心操作，不存在次任务，也就不需要评价安全性。安全性在汽车人机交互系统评价中十分特殊，因为它所评价的并不是人机交互系统本身，而是这套人机交互系统作为一组驾驶次任务，对于另外一组驾驶主任务的影响。平衡驾驶次任务与驾驶主任务的关系，正是汽车人机交互设计与评价所面临的巨大挑战。

6.1.1 驾驶安全与驾驶次任务

安全是道路交通中最重要的问题之一，而驾驶分心已被认定为造成行驶碰撞等交通事故的重要因素。根据全球学者不同的研究，驾驶分心所占道路交通事故的比例为 8.3%~29%。根据 McEvoy 的研究，驾驶次任务是驾驶过程中最常见的分心活动（68.7%），这几乎与注意力不集中的状况一样常见（71.8%），且远高于看外面的人或事（57.8%）、与乘客交谈（39.8%）、喝东西（11.3%）、吃东西（6.0%）或吸烟（10.6%）。Huemer 通过对比 1999 年至 2015 年对多个国家的研究发现，有一个明显的趋势，即驾驶次任务的执行不断增加。Metz 2013 年在德国的一项自然驾驶研究中统计了 37 万 km 的 CAN 总线数据和 2 万 km 的视频数据，发现驾驶员执行驾驶次任务的时间约占其驾驶时间的 40%，而在美国，根据 Sayer 在 2005 年所统计的 1440 段车载录像，驾驶员执行驾驶次任务的比例为 34%。虽然类似的大规模自然驾驶研究在中国并不常见，但根据中国用户对各类消费电子产品的热情不难推断，中国汽车用户在驾驶过程中进行驾驶次任务的时间明显大于这些多年前欧美国家的水平。

驾驶次任务包括使用免提电话、发送手机短信、使用方向盘按键、使用中控区域按键、用中控屏输入信息、访问网页、玩游戏等。2013 年，在德国驾驶员的信息输入类次任务中，有一半是使用汽车人机交互系统进行输入，另外一半则使用手机输入。近年来，随着汽车人机交互功能的日益强大，越来越多的驾驶员倾向于使用汽车人机交互系统，而非手机来完成驾驶次任务。以车载导航这一功能为例，2018 年，中国汽车用户中只有 19% 更倾向于使用车载导航系统，而到了 2021 年，这一比例上升至 54%。但是，汽车人机交互越来越丰富的功能、越来越大的屏幕、越来越复杂的信息，也都有可能让驾驶分心更加严重。因此，对于汽车人机交互安全性的评价与优化十分重要。人机交互系统如果可以显著改善驾驶分心，必然会大幅提升行车安全。

6.1.2 驾驶分心的类别及影响

驾驶员的注意力是有限的，如果驾驶员尝试执行任何驾驶次任务，注意力的重新分配都可能会导致驾驶表现的下降。由次任务引起的注意力分心有三种类型：视觉分心，即驾驶员将视线从道路上移开，与设备进行交互，导致观察错误；认知分心，当注意力从驾驶中转移到次任务时，会导致驾驶员信息处理和记忆检索错误；肢体分心，当驾驶员把手从方向盘上移开来操作其他设备时，会导致动作错误。三种分心的原因与表现见表 6.1。

表 6.1 驾驶员三种驾驶分心的原因与表现

	视觉分心	认知分心	肢体分心
产生原因	视线从道路上移开，去观察屏幕或按键	注意力从驾驶中转移到次任务	一只手从方向盘上移开来操作其他设备
分心的表现	无法观察周围的道路环境	驾驶相关的信息处理和记忆检索变慢	方向盘的控制精度降低
对驾驶的主要影响	车速降低、车道偏离、突发事件响应变慢	突发事件响应变慢、跟车距离增加、走错路	车道偏离

视觉分心会弱化感知，增加注视时间，并伴有较大的横向车道偏离。此外，视觉分心也会提高驾驶员的警惕性，使他们降低速度并增加行车间距，以补偿他们对

潜在突发事件的反应不足。认知分心会影响对道路上其他车辆接下来可能行动的预期。许多研究发现，在前方没有车辆或突发事件的简单路况下，认知分心会减少视线分散和车道偏离。然而，认知分心能改善车道保持的发现仍存在争议。有研究提出越线时间（time-to-line crossing）是比车道偏离更有效的指标，这一指标显示出认知分心期间会有更差的车道保持安全性。驾驶时的视觉分心通常比认知分心对驾驶安全的影响更大，并且由于视觉分心而导致的感知障碍会造成相比认知分心更慢的驾驶员反应速度。肢体分心主要损害车辆横向控制能力，并会因为更复杂的身体动作而加剧。虽然肢体分心在学术界的研究相对较少，但它所带来的安全隐患是显而易见的。在实际驾驶过程中，由于一只手要离开方向盘去操作触屏或按键，只能用另一只手单手握持方向盘，这可能会导致控制精度降低，同时如果出现身体的扭转或侧倾，还可能会导致方向盘握持的抖动。

三种类型的驾驶分心所造成的影响是综合的，而且我们也很难对每一种驾驶分心都进行独立的测量。因此，在对驾驶分心进行客观评价时，通常会选取驾驶表现和视觉需求两大类的指标。驾驶表现的测量指标包括纵向的速度控制、前方车距控制、制动反应时间，以及横向的转向误差、车道偏离、越线时间等。驾驶表现可能由视觉分心、认知分心、肢体分心中的任何一种或几种所导致。驾驶表现一旦出现问题，就可能直接引起交通事故。例如，前方车距太近、制动反应太慢，有可能导致追尾前车，而车道偏离有可能与侧方车辆或道路护栏发生碰撞。视觉需求的测量指标包括眼睛的扫视次数、平均扫视持续时间、最长扫视持续时间、视线偏移时间百分比、视线偏移总时间等。视觉需求主要针对视觉分心，而基本不受认知分心和肢体分心的影响。视觉需求过大是驾驶表现不佳的其中一个原因，但驾驶表现的评价并不能替代视觉需求，原因有两点。第一，过大的视觉需求是否会导致显著的驾驶表现下降，有一定的随机性，如果只分析后者则可能错过一些潜在的安全隐患。第二，视线轨迹是驾驶分心成因中最底层的数据源之一，同时也是非常精准细致的数据。对它的分析有利于定位汽车人机交互的设计问题，并做出有针对性的改进。

6.2 评价指标

汽车人机交互评价中的安全性可以拆分为驾驶保持、突发事件响应、视线偏移、功能限制等二级评价指标。

6.2.1 驾驶保持

驾驶保持是指驾驶员一边执行汽车人机交互系统的任务一边驾驶车辆时，能够维持与无交互任务时相似的驾驶表现的能力。驾驶保持是驾驶表现的一部分，是对视觉分心、认知分心、肢体分心的综合考察。驾驶保持包括纵向的车速保持以及横向的车道保持。

1. 车速保持

在日常驾驶过程中，车辆多数时间会基本保持匀速。在车流量较小的道路上，这个车速一般是道路的限速，而在车流量较大的道路上，这个车速一般低于道路限速，为周围多数车辆的共同速度。匀速行驶时，驾驶员的驾驶主任务负荷较小，更适合在这些时间使用汽车人机交互系统。而在加速、制动过程中，驾驶员通常会避免使用人机交互系统。

车速保持的能力体现在车速偏差的大小，也就是实际车速与目标车速的平均偏差，即

$$\mathrm{SpDev} = \sum_{t=0}^{T} \left| v_t - v_0 \right|$$

式中，SpDev 是车速偏差，v_t 是在 t 时刻的实际车速，v_0 是目标车速，T 是交互任务对驾驶保持的影响时间，单位为实际车速的采样间隔时长。需要注意的是，实际车速与目标车速的差值应该取绝对值，以避免正偏差与负偏差相互抵消。交互任务对驾驶保持的影响时间会比交互任务的时间更长。它的起点是任务开始的时间，而终点则晚于任务结束的时间，根据经验，可以取到任务结束后的3s。

图 6.1 显示的是某款车型在某次测试中，以 60km/h 为目标车速行驶时的实际车速变化曲线。在无交互任务时，驾驶员可以很好地保持 60km/h 的车速。而在用触屏完成下一曲任务时，驾驶员由于视觉分心无法持续观察车速数字，并由于认知分心无法精确控制加速踏板的行程，导致车速升高。在任务进行 2.5s 时，驾驶员

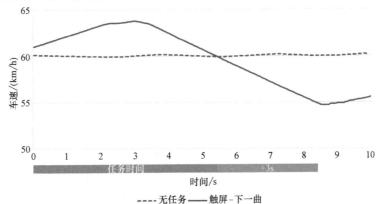

图 6.1 某车型无任务与用触屏完成下一曲任务时的车速变化曲线

意识到车速的偏差，并开始减速。但即便任务在5.4s时已经完成，驾驶员不再有视觉分心，其精力并不能瞬间全部回到驾驶任务中，因而车速还在以恒定的变化率持续下降。直到8.5s左右，驾驶员才开始调整加速踏板，让车速逐渐回归至目标车速。可见，记录任务结束之后3s内的数据依然是有必要的。对于那些时间很短、只有一个步骤的简单任务，延后3s更为重要，因为在短暂的任务时间内，车速的偏差还无法得到足够的积累，偏差的峰值往往出现在任务结束之后。

2. 车道保持

在有车道线的道路上，除非驾驶员有意变换车道，车辆都应当在一条车道内行驶，并跟随车道同步地直行或转弯。沿着一条车道行驶时，驾驶员的驾驶主任务负荷较小，更适合使用汽车人机交互系统。而变换车道或穿越路口时，驾驶员通常会避免使用人机交互系统。

车道保持的能力体现在车道偏离标准差，也就是车辆实际横向坐标的标准差，即

$$\text{LDSD} = \sqrt{\frac{1}{T}\sum_{t=0}^{T}\left(d_t - d_{\text{avg}}\right)^2}$$

式中，LDSD 是车道偏离标准差，d_t 是在 t 时刻车辆相对车道中心线的实际横向坐标，d_{avg} 是 T 时间段内车辆的平均横向坐标，T 是交互任务对驾驶保持的影响时间，单位为实际车辆位置的采样间隔时长。车道保持应该考察横向位置的标准差，而不是相对车道中心线的绝对偏差。这是因为驾驶员坐在车辆左侧（右舵车在右侧），而非车辆的横向中心，想判断车辆精准的横向位置是困难的，也就不容易将车辆开在道路的绝对中心线上。只要不出现突然的、预期之外的横向位置变化，即便在车道内稍微偏左或稍微偏右，对交通安全也不会造成隐患。一旦车辆越过车道线，则有可能与旁边的车辆或道路护栏发生碰撞。但通常汽车人机交互系统并不会让驾驶员产生如此巨大的分心，所以对车道保持的评价一般并不需要考虑这种情况。此外，与车速保持一样，测试车道保持时，交互任务对驾驶保持的影响时间也会比交互任务长约3s。

图6.2显示的是某款车型在某次测试中的实际横向位置变化曲线。在无交互任务时，驾驶员可以在0.12m的位置附近基本驶出一条直线。而在用触屏完成下一曲任务时，驾驶员由于视觉分心无法持续观察车辆位置，由于认知分心无法精确控制方向盘的转角，由于肢体分心使握持方向盘的手发生抖动，结果导致车辆横向位置不断偏离。在任务于5.4s结束之后，驾驶员才意识到车道的偏离，并开始朝着反向纠正。并在8s时回到了横向位置的平均值。

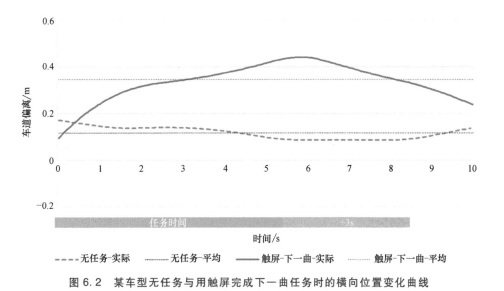

图 6.2　某车型无任务与用触屏完成下一曲任务时的横向位置变化曲线

6.2.2　突发事件响应

安全的驾驶并不仅仅是以恒定速度沿着固定车道行驶。在遇到突发情况时，驾驶员可能需要紧急制动或紧急转向，以避免事故。例如，行人突然横穿马路、周围车辆突然变换车道、突然发现道路上有障碍物等。突发事件的响应能力也是驾驶表现的一部分，是对视觉分心和认知分心的综合考察，同时也是对认知分心最直观的考察方法。突发事件响应的考察更侧重于驾驶员对需要紧急制动场景的响应情况。虽然紧急转向也有可能避免事故，但人们一般更加提倡紧急制动，即"让速不让道"，而且中国法律对交通事故责任的判定也更倾向于处罚不合理的变道。

突发事件响应可以体现为驾驶员的制动反应时间，即从突发情况出现到驾驶员踩下制动踏板的时间。突发事件响应也可以体现为碰撞时间（Time-to-collision，TTC）。TTC 是指在事件发生的时刻，例如前方车辆紧急制动的时刻，如果被测车辆与前方的目标车辆都按照当前车速继续行驶，将会发生碰撞的时间。在确保不会发生碰撞的前提下，突发事件出现时刻所对应的 TTC 最小值越短，代表驾驶员的反应速度越快，即受到的分心影响越小。TTC 在车辆自动紧急制动系统（AEB）和前方碰撞预警系统（FCW）的测试中经常使用。

操作汽车人机交互系统时的驾驶突发事件响应虽然非常重要，但实际测量时却会遇到困难。首先，无论使用真实道路测试，还是驾驶模拟测试，突发事件的触发时间不易精准控制，突发事件的形式难以做到统一（尤其是行人横穿马路）。更重要的是，驾驶员在操作人机交互系统时，认知分心的程度是波动的，视觉分心的时段是离散的，突发事件触发时间的微小差异，可能会导致驾驶员反应时间的较大不同。以视觉分心为例，前方车辆紧急制动时，如果驾驶员正在注视中控屏，那么反应时间就会较长，而如果驾驶员正处于两次注视中控屏的间隔，即正在注视道路，那么反应时间就会较短。驾驶员视线移动的速度是飞快的，难以提前预测，测试过程中很难做到只在驾驶员视线位于某一固定区域时才触发事件。因此，突发事件响应的评价通常都需要较大的样本量来消除偏差，这在科学实验中是可行的，但在真实产品的测试过程中是非常低效的，所以该指标有时会被舍弃。

6.2.3　视线偏移

视线偏移是指驾驶员在操作汽车人机交互系统时，视线离开前车窗外的道路，移动到车内屏幕或按键区域。视线偏移是对视觉分心最直接的考察。

在分析视线偏移时，需要将驾驶员前方的视野分为不同的兴趣区域（area of interest，AOI）。一般可以设置两个基本的兴趣区域，如图6.3所示，前车窗外的道路场景是一个兴趣区域（橙色区域），车内的中控屏、仪表屏、按键位置是另一个兴趣区域（绿色区域）。在驾驶员操作人机交互系统时，会将视线从道路场景离开，转移到屏幕或按键区域。但考虑到行车安全，驾驶员还会不时地将视线回到道路上，确认驾驶表现没有问题后，再继续注视屏幕或按键区域。所以，驾驶员的视线会在这两个兴趣区域之间反复来回，并且几乎所有的注视点都出现在这两个兴趣区域内，如图6.4所示。对于一些需要看后视镜的驾驶任务或人机交互任务，有时也会将后视镜位置设置为单独的兴趣区域。在对视线进行精细分析时，兴趣区域可以被进一步细分，例如中控屏可以是一个兴趣区域，而其中的一个图标可以

图6.3　驾驶员前方两个基本兴趣区域的划分

图 6.4 驾驶员在使用中控屏期间的视线轨迹举例

是更小的兴趣区域。不过在考察视觉分心的时候，并不需要将兴趣区域划分得如此精细。

视线的最小构成是注视点（fixation），即在给定的时间段内，视线移动的短暂停留。该停留使眼睛注视兴趣区域内某个特定的点，并使它落在视网膜中央凹。图6.4中的每一绿点就是一个注视点。典型的注视点时长在 100～2000ms 之间。眼跳（saccade）是视线在相邻两个注视点之间短暂、快速地移动。图 6.4 中相邻两个绿点之间的连线就是一次眼跳。眼跳的最大速度可达 500°/s，而眼跳的距离通常在1°～5°之间。扫视（glance）是视线在某一个兴趣区域内的停留，一般包含多个注视点和眼跳。扫视时间（glance duration）包括兴趣区域内所有注视点的时间、眨眼时间、这些注视点之间或与眨眼之间的眼跳时间，以及兴趣区域内第一个注视点之前的一次眼跳时间，也就是从前一个兴趣区域到这个兴趣区域之间的过渡时间（transition time）。典型的扫视时间在 500～3000ms 之间。如果去除第一个注视点之前的眼跳时间，视线在兴趣区域内的时间称为访问时间（visit duration）或者停留时间（dwell time）。

视线偏移中两个最重要的评价指标是扫视总时间（total duration of glances）和最长扫视时间（maximum duration of glances）。扫视的兴趣区域是中控屏、仪表屏、按键及其周边区域的总和，即图 6.3 中的绿色区域。扫视总时间是某个具体交互任务导致的视觉分心的总时间。总时间越长，驾驶员不能观察道路情况的时间就越长，所带来的安全隐患就越大。交互任务所造成的扫视通常不是连续的，而是间隔的，我们还需要考察每一次扫视的情况。最长扫视时间是某个具体交互任务造成的最大一次连续的视觉分心。在单次扫视时间内，驾驶员无法观察自己车辆的行驶情况，导致车道偏离持续增加，也无法关注周围环境的变化，导致难以对突发事件做出响应。所以，2 次 3s 的扫视要比 3 次 2s 的扫视更加危险，虽然它们的扫视总时间都是 6s。在总扫视时间恒定的情况下，尽可能缩短每一次的扫视时间，尤其是缩短最长一次的扫视时间，可以提高车辆的行驶安全性。在最长扫视时间难以测量时，可以考虑用平均扫视时间来代替，但要注意后者的度量标准应该比前者更加严格。

美国汽车制造商联合会（AAM）建议，完成一项交互任务所需要的扫视总时间不应该大于 20s，其中每一次的扫视时间都不应超过 2s，即最长扫视时间不大于 2s。AAM 的建议是比较宽松的。在车速 72km/h 时，2s 的扫视也会导致驾驶员在长达 40m 的路段中无法观察道路情况。因此，在设计汽车人机交互系统时，对减少视觉分心的努力不应该止步于达到 AAM 的标准。

6.2.4 功能限制

随着汽车人机交互系统的不断发展，越来越多与驾驶无关的娱乐与生活服务功能进入到了车内。其中很多功能需要驾驶员长时间注视屏幕，会造成极大的视觉分心，应该在行车过程中限制使用。例如，在车内播放电影时，必然需要用户长时间注视屏幕来观看。即使不去测量视线偏移，我们也知道行车时播放电影有巨大的安全隐患。

功能限制是对那些与驾驶无关的、有巨大视觉分心隐患的功能所进行的筛查。在车辆行驶过程中，中控屏、仪表屏上不能出现需要驾驶员长时间注视的功能，包括但不限于观看视频、玩有动态画面的游戏、阅读无优先级排序的长列表（如餐厅菜单、新闻、微博等）。并不是所有的列表都要禁止，因为有些列表带来的视觉分心有限，并且可能是驾驶过程中的必需。有优先级排序的列表不被禁止，例如驾驶员输入文字后，导航系统显示出相关的目的地列表，此时驾驶员通常会选择前 3 个之一，因此无需长时间注视。长度在两三页以内的短列表也不被禁止，例如车辆设置菜单、系统推荐的有限长度的歌曲或歌单列表。

6.3 评测结果总结与设计建议

本节将分析每种典型交互模态的安全性水平以及优化设计建议。而具体任务的交互模态选择建议将在第 7 章的最后部分进行详细讨论。因为在为每一个交互任务选择最佳交互模态时，需要同时考虑安全性与高效性。此外，安全性的评测结果也常常与高效性的结果有一定相关性。

6.3.1 中控屏触摸

可触摸式中控屏是当前汽车人机交互的核心模态，这一地位在几年内是难以被替代的。中控屏有更高的信息传递效率，它可以在一个页面中同时显示多达 20~40 个不同层级的图标和词组，而驾驶员只需 0.5~2s 就可以在这个页面中找到自己想去点击的目标。这种信息传递的效率是按键和语音都无法比拟的。但是，较高的信息传递效率也更容易导致更大的驾驶分心，使触屏成为安全性不佳的主流交互模态。

作者在 2019 年对中国市场上的 8 款主流智能汽车进行了全面的人机交互可用性测试，发现与语音、中控按键、方向盘按键相比，触屏的安全性存在显著的劣势，包括：第一，触屏影响车速保持，带来的车速偏差比其他 3 种交互模态的平均值高 14%；第二，触屏影响车道保持，与语音控制类似，车道偏离标准差比其他 2 种交互模态的平均值高 52%；第三，触屏几乎必然会带来视线偏移，盲操作（包括用余光操作）的可能性不足 5%；第四，触屏有着最长的扫视总时间，比其他 3 种交互模态的平均值高 191%；第五，触屏的平均扫视时间明显高于其他交互模态，比其他 3 种交互模态的平均值高 93%。

通过对触屏硬件及软件方面交互设计的优化，可以改善触屏所带来的驾驶分心，并提高安全性。基于随机森林算法的计算，触屏交互设计中可被优化的变量对于各安全性指标的重要程度见表 6.2，其中，重要性小于 0.07 被视为不重要，从而不会被重点分析。这些变量中最重要的前 5 个分别是：

表 6.2 触屏交互设计随机森林自变量的重要性（重要性大于 0.07）

自变量	因变量（评价指标）			
	车速偏差	车道偏离标准差	扫视总时间	平均扫视时间
球面积				0.122
中心距离深度	0.127			
水平转动角				0.154
操作步数		0.161	0.232	
操作区域最右位置	0.092	0.081		0.078
操作区域最上位置	0.089			
点击位移量		0.125	0.174	
平均点击图标面积	0.078			0.146
大图框触点占比		0.089		

1）操作步数。这也是高效性中的一个三级指标。操作步数对于车道偏离和扫视总时间都有着显著的影响。1步的操作对于车道偏离和扫视总时间都可以达到最低的数值。但在实际交互设计中，1步操作的任务十分罕见。1步操作则意味着这个任务的图标直接布置在中控屏的首页，但是首页的面积是有限的，不可能布置过多的任务图标。对于很多车型而言，首页通常只有一级目录的菜单图标，而没有任何具体任务的图标。而且，中控屏触摸相比实体按键的优势就在于它的图标的位置可以进行变化，实现界面的"折叠"。因此，即便对于非常常用的基本任务，例如调节空调温度、调节音量，最佳的设计依然是按键，而不一定是在中控屏的首页设计1步的快速图标。2步的任务会导致车道偏离的显著增加，但是扫视总时间的增加相对有限。因此，对于比较常用的任务，最好可以将它们的操作步数设计为2步。2步的任务一般来讲第1步是进入二级目录菜单（如音乐菜单、导航菜单等），第2步则是具体的任务图标。这要求菜单的逻辑结构设计得简单高效，同时比较常用的功能可以在二级目录菜单中设有快速操作，而不需要一层一层地深入下去。

2）点击位移量，即用户在使用触屏实现某个功能操作时，手指从第一步到最后一步在屏幕上移动的总长度。点击位移量与高效性中的三级指标操作位移量相似，但不包括手指从进入屏幕范围到点击第一步之间的距离。点击位移量对于车道偏离和扫视总时间都有较为显著的影响。当点击位移量达到20mm时，扫视总时间显著增加，达到60mm时，车道偏离开始快速增加。对于2步或3步操作的任务，有可能将每一步的图标设计在尽可能相同或相近的位置，从而把手指移动距离控制在60mm以内，甚至也有可能控制在20mm以内。这要求中控屏交互设计需要对驾驶员的操作步骤有较强的预判能力，并有针对性地做出设计。对于4步或更复杂的任务，将屏内手指移动距离控制在60mm是非常困难的。那么也最好可以将其控制在240mm以内，以避免过大的车道偏离。如图6.5所示，在拨号给指定联系人的任务中，第1步与第2步的图标距离很近，便于操作，而第4步的图标则与第3步和第5步距离较远，导致点击位移量较大。

3）操作区域最右位置，即某一交互任务的所有步骤分布在最右侧图标的中心位置在球坐标中所对应的侧向角度θ。球坐标中侧向角度的测量方法如图6.6所示。操作区域最右位置对于车速偏差、车道偏离、平均扫视时间3个评价指标都有着显著的影响。操作区域最右位置的最优分布是35°~45°之间。过大的角度一方面会导致驾驶员的手臂难以触及非常靠右的位置，而需要移动身体，这样的操作会导致驾驶员控制方向盘的左手也出现不稳定的动作。因此，超过47°的位置会带来车道偏离的显著增加。过大的角度另一方面还会导致驾驶员需要将视线大幅向右移

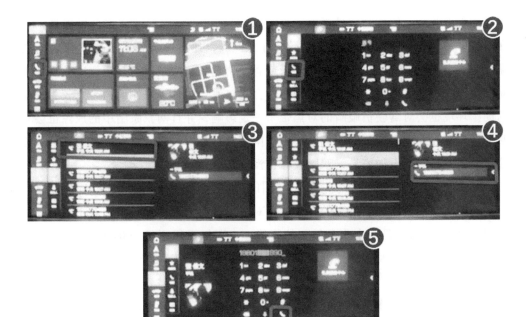

图 6.5　保时捷 Panamera（2018 年）用触屏拨号给指定联系人的 5 个步骤

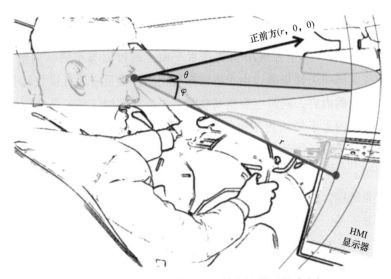

图 6.6　以驾驶员眼睛为中心的中控屏测量球坐标

动，更远的注视点路径会增加每一次扫视的耗时。平均扫视时间会在操作区域最右位置超过 45°后逐步增加。如图 6.5 所示，在拨号给指定联系人的任务中，第 4 步是最右侧的图标，它的侧向角度超过了 45°，对安全性有影响。操作区域最右位置小于 35°时，也会带来观察的困难。这与一般的常识有所不同，并不是中控屏的内容越靠近驾驶员一侧就越容易观察。小于 35°带来的平均扫视时间提升可能是因为在中控屏的左侧，驾驶员的视线中不仅有中控屏，还有方向盘的右端、仪表的右端，有些车型还会有较为复杂的仪表板或者空调出风口造型，而且它们通常都在不同的平面内，层次错落。这些元素即使不会直接遮挡中控屏左侧的内容，较为复杂的周围环境也会对驾驶员眼睛的对焦带来一定影响，并且两只眼睛中的成像也会有明显的差异。反观中控屏的右侧，它的周围通常只有仪表板。这个区域的元素较为简单，眼睛的对焦更加容易，双眼成像也没有显著差异。

4）平均点击图标面积，即某一交互任务需要点击的所有图标面积的平均值。它对于平均扫视时间有着很高的重要性，对车速偏差也有一定影响。对于平均扫视时间而言，$700mm^2$ 是一个非常显著的阈值。当图标面积不足 $700mm^2$ 时，随着图标的增大，平均扫视时间会逐渐减小，而当图标面积大于 $700mm^2$ 时则不会再对平均扫视时间有显著的影响。由于驾驶员在操作中控屏时，需要通过肩部来控制整个手臂，力臂明显比操作手机时的手指移动更长，因此中控屏上较大的图标可以让驾驶员更加容易寻找，且更加容易点击。对于那些最常用的图标，$700mm^2$ 是一个比较合适的尺寸，例如 $35mm×20mm$。更大的图标会影响界面设计的美观性与灵活度，同时也不会显著减少视觉分心。对于经常需要在颠簸路面行驶的汽车，例如越野车，可以考虑进一步加大图标的面积。

5）水平转动角，即中控屏中垂线在水平面上的投影与车辆纵向轴心的夹角。它与平均扫视时间相关性很高。中控屏的布置朝向驾驶员一侧可以使驾驶员更加容易观察中控屏上的内容，同时也会使驾驶员点击屏幕右侧图标时手臂的伸展距离有所缩短。中控屏的水平转动角不可能，也不需要完全正对驾驶员。当转动角达到 7°时，就可以显著降低视觉分心。7°的水平转动角对于多数汽车内饰设计而言，都是容易实现的。

横屏还是竖屏？这是一个针对中控屏布局广泛讨论的问题。然而，对于驾驶分心而言，这并不是一个重要的问题，因为对于任何安全性评价指标而言，中控屏纵横比在随机森林计算中的重要性都不大，可以忽略不计。相比之下，中控屏在球坐标中占据的面积是一个更重要的变量，尤其是对于平均扫视时间。较大的显示尺寸将导致平均扫视时间更长，因为驾驶员很难在巨大的区域中搜索特定的图标。如果将大尺寸的中控屏进行合理的区域划分，可以缩短平均扫视时间。

6.3.2　按键

在分析按键对驾驶分心的影响时，有必要将其区分为功能键与导向键两类，如

图 6.7 所示。无论是方向盘还是中控区域，都可能存在这两种按键。功能键拥有唯一的、固定的功能，例如回到主页、增加音量，并且可以一步完成任务。用户通常不需要根据中控屏或仪表屏上显示的状态来判断如何操作。功能键的表现形式既可以是一个普通的按键，也可以是滚轮或摇杆中的其中一个方向。导向键则没有固定的功能，而是要配合中控屏或仪表屏上显示的状态来进行操作，例如让屏幕上的光标向上、向下、确认、返回等。导向键的表现形式多种多样，可以是滚轮、摇杆、旋钮、触摸板，也可以是普通的按键。

方向盘：
1.回到主页-功能键-普通按键
2.调整音量-功能键-滚轮
3.上/下/左/右-导向键-触摸板

中控区域：
1.回到主页-功能键-触摸式普通按键
2.调整音量-功能键-滚轮
3.左/右-导向键-旋钮

图 6.7 梅赛德斯-奔驰 C 级（2019 年）方向盘和中控区域的
功能键和导向键（来源：Mercedes-Benz Group）

功能键的操作造成的驾驶分心很小，拥有很好的安全性。相比触屏上的图标，功能键的位置是完全固定的，便于驾驶员记忆和寻找，减少了对认知的占用和视线偏移的时间。同时，多数类型的按键（除了无振动的触摸式按键）都拥有明显的触感反馈，也可以帮助驾驶员确认点击的位置以及点击成功与否的状态，减少了视线偏移。当然，如果按键设计得过于密集，也可能会增加驾驶员寻找的难度。但是在当今实体按键越来越少的潮流之下，这种情况很少出现。方向盘上的功能键相比中控区域的功能键安全性更好，这是因为操作方向盘按键时，驾驶员只需移动拇指，无需将手掌离开方向盘，几乎没有肢体分心。同时，只有拇指移动也会更容易凭借触感来定位到目标按键，从而有可能实现盲操作，即减少视觉分心。

导向键带来的驾驶分心比功能键更大，甚至还有可能比中控屏触摸更大。导向键的使用必须配合屏幕上的状态，也就是说驾驶员必须像使用触屏交互那样长时间注视屏幕，丧失了按键原本的一大优势。此外，使用导向键的过程常常比较繁琐，例如需要点击屏幕上第 5 个图标时，如果使用触屏，手指可以直接伸过去点击，如果使用导向键，则需要将光标从第一个图标移动 4 挡才能到达第 5 个图标。因此，对于可触摸的中控屏而言，导向键的存在价值不大，但对于不可触摸的仪表而言，控制其中的菜单还必须使用导向键。

中控屏导向键的诞生拥有其独特的历史。20 年前，触控屏技术并不成熟，同时中控屏幕尺寸较小、逻辑结构较为线性，很多汽车企业都设计了自己的导向键来控制非触摸式中控屏，并在当时创造出了优秀的体验，例如早期的宝马 iDrive、奔驰 Command 等。但随着技术和理念的发展，继续沿用导向键对于中控屏的交互而言已经不再有任何显著的优势。不过，在保证其他交互模态体验良好的前提下，保留导向键，给用户多一个选择，也并没有什么不妥。

6.3.3 语音控制

在所有交互模态中，语音控制的视觉分心是最少的。根据作者在 2019 年对中国市场上的 8 款主流智能汽车的测试，约有 40% 的语音交互任务可以完全不产生视线偏移，即实现盲操作。对于其中较为简单的任务，这一盲操作的比例可以上升至约 55%。理论上，语音交互似乎应该达到 100% 的盲操作比例，但在实际使用过程中并非如此。一方面，很多用户在使用语音控制时，习惯于看着一个特定的形象，例如语音助手的类人化虚拟形象或者抽象的动态形象，这种习惯来源于和真人说话时看着对方的眼睛。虽然这种注视本身对于交互没有实际意义，但这确实是人们难以改变的习惯。另一方面，对于某些交互任务，中控屏本身也是语音控制的重要输出设备之一，读取上面显示的信息可以提高交互的效率，增强用户的信任。例如，语音输入导航目的地后的备选列表，用屏幕显示就比一条一条朗读更加高效。此外，当用户说出指令而交互系统没有立即用声音回复时，用户还可以根据屏幕上的显示判断系统是正在处理，还是没有听到自己的指令。

对于较为复杂的任务，例如层级很深的任务以及需要输入具体文字的任务，语音控制相比其他交互模态通常步数更少、速度更快，使得各类驾驶分心的总时间较短，这可以有效避免车速偏差和车道偏离的不断累加，也可以减少视线偏移的总时间。

语音控制并不是没有缺点，它所造成认知分心的程度有时大于其他交互模态。与车内的真人交谈会占用驾驶员的精力，造成认知分心，而与人机交互系统对话所造成的认知分心有时则更加显著。首先，语音控制有一些特定的指令词语，驾驶员需要在没有提示的情况下，刻意地回忆并说出这些指令，例如"把温度调到 xx 度"。虽然很多车型可以提供更加多样化、自然化的指令，但现阶段语音识别系统的理解力还是不如真人，驾驶员很难不刻意地、完全自然地与它交谈。与此相比，用按键去调整空调温度，驾驶员只需要下意识地点击那个位置固定的按键即可，几乎不需要占用认知。另外，对于较长指令的输入，驾驶员为了保证识别准确率，需要尽可能做到不间断地一次说完，避免词语的重复以及"嗯""啊"等语气词，这也需要驾驶员比平时说话更加集中精力。其他交互模态所造成的各类驾驶分心通常都与任务的复杂度成正比，但语音控制所造成的认知分心存在一个相对较高的下限。因此，对于一些简单的交互任务，语音控制有时无法充分发挥在视觉分心方面的优势，却更加凸显在认知分心方面的劣势。

第7章

高效性

7.1 发展与形成

高效性（efficiency）是指完成特定交互任务时用户与人机交互系统所消耗的相关资源。对用户而言，资源主要指任务时间、肢体动作、视线的注意力等。对人机交互系统而言，资源主要指响应时间。高效性是国际标准 ISO 9241 中可用性定义的三大基本指标之一。

高效性是所有机器都需要追求的重要目标。蒸汽机的发明减少了对人和动物体力资源的消耗，并提高了工厂的产量。计算机的发明减少了对人们脑力资源的消耗，并提高了运算速度。互联网的发明使人们不再需要用实体媒介（如信件）来传递信息，省去了实体媒介运输的成本，并提高了信息传递的速度。与此类似，汽车人机交互系统也需要提升用户在车内执行任务的速度，并减少对用户脑力资源和体力资源的占用。

汽车人机交互的高效性拥有两个特点。第一，它主要强调对用户的资源消耗，而非对人机交互系统自身的资源消耗。对软件系统而言，大多数交互任务都是简单的、快速的，没有必要专门统计其所消耗的电力、算力。系统响应时间就可以大致体现出该任务对计算资源的消耗。而用户完成交互任务的时间又已经包含了系统响应时间，因此对于多数任务，也可以把系统响应时间视为用户所消耗资源的一部分。只有那些无需用户主动输入的任务，才需要单独讨论系统响应时间，例如车辆偏航后导航系统重新规划路线。第二，汽车人机交互的高效性一般要求交互任务作为驾驶次任务，即驾驶员并非全神贯注地操作人机交互系统，而是要在驾驶的过程中优先保证正常行车。必须在停车时才能够操作的任务数量较少，使用频率较低，通常也不会重点追求操作的效率，可以不作为高效性的重点考察对象，例如设置菜单中逻辑层级较深的选项、观看视频节目等。

因此，对于汽车人机交互而言，高效性主要指驾驶员一边驾驶车辆一边执行人机交互系统的任务时，汽车人机交互系统能够提高驾驶员操作效率、减少驾驶员操作负荷的能力。

国际标准 ISO 9241 提供了一种简单且笼统的评估交互系统高效性的方法，但并不针对汽车。研究人员记录参与者完成每项任务所花费的时间。每个任务的长度从说出"开始"这个词开始，并在用户表达结束时终止。完成每项任务后，用户要回答 SEQ 问卷，以表达任务难度级别。SEQ 问卷只有一道题，采用李克特 7 分量表，其中选项 1 表示任务"非常困难"，选项 7 表示任务"非常容易"。各领域交互系统的 SEQ 问卷平均得分大约为 5.5 分。

汽车人机交互高效性的测量和评价可以基于 ISO 9241 中提到的任务时间与难度级别，进一步细化，使其更有针对性，并更利于标准化、客观化的操作。

7.2　评价指标

汽车人机交互评价中的高效性可以拆分为任务时间与操作复杂度两个二级评价指标。

7.2.1　任务时间

任务时间是指某项交互任务从开始到实现最终目标所消耗的时间。任务时间的概念非常容易理解，但在实际测试的过程中，还需要清晰地定义任务的起点和终点。汽车人机交互的多数任务都需要通过用户操作来触发，这些任务的时间称为操作时间。对于无需用户操作的任务，则用响应时间来衡量。

1. 操作时间

操作时间是指从驾驶员开始执行某项交互任务到实现最终目标所消耗的时间。驾驶员开始执行某项交互任务的时间点可以选取其收到任务指令或主动决定要去执行该任务的时间点，也可以选取其开始有执行动作的时间点。二者的时间差是驾驶员理解该任务加上思考第一步大致要如何操作的时间。对于驾驶员比较熟悉的任务，这个时间差是非常短暂的。理论上，选择前者作为开始时间点更为科学，但是这在实际操作中较为困难。驾驶员在收到指令的过程中,很可能听到前几个字就知道了这个任务是什么,而不必听完完整的指令,因此其真正理解指令含义的时间点是难以测量的。对于驾驶员主动决定要去做的任务,其决定的时刻没有任何明显的表现,更加难以测量。因此,在实际操作中,一般会选取驾驶员开始有执行动作的时间点作为任务的起点。具体到不同的交互模态,可以根据如下方法进行判定。

- 触屏:驾驶员的手离开方向盘。
- 中控键:驾驶员的手离开方向盘。
- 方控键:驾驶员的手指开始移动。
- 语音:驾驶员说出语音助手唤醒词,无唤醒词车型则为按下唤醒按键。

交互任务的终点是系统实现最终目标的时间,通常就是任务开始执行最终反馈。它不仅包含了驾驶员最后一步的输入动作,还包含了人机交互系统在收到最后一步指令之后的处理与决策时间。例如,播放音乐任务的终点是音乐开始播放,输入目的地并开始导航任务的终点是开始路线引导,打开天窗任务的终点是天窗开始移动。有些交互任务的最终反馈在车辆电器的硬件端,何时改变了状态难以察觉,也可以用系统界面显示的变化来代表硬件状态的变化。例如,调整空调温度的任务,终点可以选为屏幕上温度显示的变化,因为空调系统在收到这个指令后有时并不会马上改变风速和吹风的温度。

2. 响应时间

有些交互任务不是由用户进行操作输入,而是由车辆位置、状态、周围环境等因素自动触发的。响应时间针对这类任务,考察系统对触发条件的识别速度、系统处理速度,以及交互系统输出的时间。我们需要计算从车辆位置、状态、周围环境等发生变化的时刻开始,到系统显示出任务开始执行的最终反馈,中间所花费的总时间或者车辆沿某一方向的总位移分量。例如,当车辆未按照导航规划的路线在路口直行,而是转弯后,系统花费多长时间可以发现路线偏离,并重新规划路线,开始按照转弯后的方向来继续进行引导。高级驾驶辅助功能的响应时间通常不在人机交互的评价范围内,而属于高级驾驶辅助系统本身的评价范围。

7.2.2 操作复杂度

操作复杂度代表了驾驶员使用汽车人机交互系统时的操作负荷。操作复杂度可以通过操作步数、手指的操作位移量、视线注视点数来综合考察。

1. 操作步数

操作步数是驾驶员通过某种交互模态实现某个功能操作所需要的步骤之和。操作步数测量的初始状态通常需要中控屏、仪表屏停留在系统首页，语音控制未被激活。对于导航引导过程中的其他导航任务，例如查看路线全览、关闭语音播报、添加途经点，初始状态则选为导航引导页面，并且要求导航引导正在进行中。

对于不同的交互模态，操作步数的计算有所不同。对于有些较为模糊的操作，需要人为地制定一些统一的标准，以确保测试评价过程的标准化，具体可以参考以下计算方法。

- 触屏：手指每一次点击、滑动、长按均记为一步。如果在屏幕中用键盘打字或手写文字不是评测的主要对象，可以将单次输入文字统一记为一步。否则，由于输入文字的点击次数非常多，在任务步数中占比很大，测试结果就可能会弱化其他交互设计不佳所导致的操作步数过多的问题。

- 中控键：手指每一次按压、扳动按键记为一步。对于旋钮类型的中控键，如果旋转旋钮是调节连续的数值（如调整空调温度），则一次旋转记为一步，如果旋转旋钮是在不同功能模式间进行选择（如驾驶模式选择），则每旋转一格记为一步。

- 方控键：手指每一次按压、滑动记为一步。

- 语音：每一条连续不中断的语句记为一步。唤醒语音助手记为第一步。

上述的操作步数计算方法易于执行，结果也能够实现标准化，可以作为考察肢体动作和语言对话负荷的重要指标。但是，每一个操作步骤所带来的操作负荷并不是完全等效的。例如，用手指点击屏幕上的图标与点击这个图标并拖拽到指定位置相比，后者是在前者的基础上进行延续，操作负荷比前者更大。点击屏幕上特定图标并拖拽到指定位置与滑动屏幕翻页相比，前者是精准定位的滑动，后者是大致定位的滑动，前者的操作负荷比后者更大。用语音说出"导航到上海虹桥火车站 P9停车场"与说出"开始导航"相比，前者的内容更多，且文字与数字相混合，操作负荷比后者更大。如果要实现精准的操作负荷测量，需要对各个交互模态下不同的操作动作分类，进行深入的研究与实验，并赋予相应的系数，来进行结果的调节。这样操作更加严谨，但也有可能会影响测试评价的执行便利性与结果的标准化程度。

2. 操作位移量

操作位移量是用户在使用触屏实现某个功能操作时，手指在屏幕上移动的总长度。从手指进入屏幕的范围开始，到最后一步点击结束。对于触屏而言，除了操作步数，操作位移量也是用户肢体动作负荷大小的另一个重要指标。这是因为屏幕上每一步点击图标间隔的距离可能会很近，也可能会很远。很远的间隔不仅需要用户的手指点击，还需要手臂的长距离移动。实体按键和语音通常可以不考虑操作位移量，前者是因为某一个功能所需的实体按键通常分布比较集中，后者则是因为完全不需要手的移动。

操作位移量的测量就是将起点位置以及每一步图标的触点位置依次相连，直至最后一步的图标，然后测量总长度。对于面积不是很大的图标而言，手指的触点可以选在图标的几何中心。而对于面积非常大的触摸区域，选择几何中心的方法就与用户通常的操作行为相违背了。常见的大尺寸触摸区域有两种，一是横向非常宽的按键或者文字输入框，用户通常会点击靠近自己的一侧，而非这个区域的中央，如图 7.1 所示。二是屏幕的非图标区域。例如有些车辆的导航目的地搜索框并非一直显示在地图页面，而是要先点击一下地图上的无图标区域才会出现，那么对这一步而言地图上的无图标区域就成了一个非常大的"图标"。

图 7.1　特斯拉 Model 3 音乐模块中的搜索框（拍摄于 2021 年）

为了更好地还原用户的真实点击位置，同时又让评价测试标准化，这里提供一种大面积触摸区域的手指触点选取方法可供参考，如图 7.2 所示。我们将触摸区域记为区域 S，将要选取的触点记为 A 点。当区域 S 横向宽度小于 10cm 时，A 点的横向坐标为区域 S 的横向中点。横向宽度大于 10cm 时，A 点的坐标则为靠近用户一侧的 5cm 处，对于左舵车驾驶员而言也就是左侧的 5cm 处。当区域 S 竖向高度小于 10cm 时，A 点的竖向坐标为区域 S 的竖向中点。竖向高度大于 10cm 时，要考虑下一步图标触点中心（记为 B 点）位置的竖向坐标。当 B 点位置处在区域 S 顶端 5cm 以上范围内时（图 7.2 右侧的蓝色阴影区域），A 点竖向坐标为区域 S 上边缘向下的 5cm（图 7.2 右侧的蓝点）；当 B 点位置处在区域 S 底端 5cm 以下范围内时（图 7.2 右侧的绿色阴影区域），竖向坐标为区域 S 下边缘向上的 5cm（图 7.2 右侧的绿点）；当 B 点位置处在区域 S 顶端 5cm 与底端 5cm 之间时（图 7.2 右侧的红色阴影区域），或没有下一步时，*A* 点的竖向坐标为区域 *S* 的竖向中点（图 7.2 右侧的红点）。

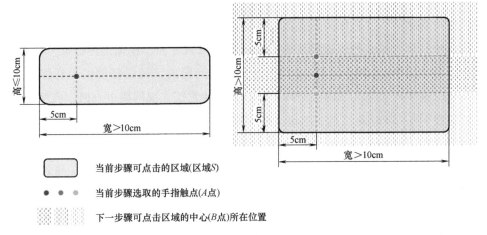

图 7.2　计算手指位移量时大面积触摸区域的手指触点选取方法

另外，手指操作位移量起点的选取也非常重要。如果将第一步记为起点，那么就无法判断交互区域的总体位置是否远离用户。尤其是对于只有 1 步的任务而言，操作位移就是 0，无法进行比较。理论上最优的起点是方向盘右侧 3 点位置，因为驾驶员的右手在点击屏幕之前就握在这里。但是这样的起点在实际测量时会产生不便，一是由于方向盘的位置是可以前后、上下调节的，难以找到绝对标准的位置，二是由于方向盘与中控屏不在一个平面上，空间距离不易测量。一种简化的方法是将起点选在中控屏可显示区域（不含边框）用户一侧边缘上与第一步图标等高的位置，对于左舵车的驾驶员就是左侧的边缘，如图 7.3 所示。这种方法忽略了中控屏左侧到方向盘右端距离的差异性，可能会让早期市场上一些中控屏非常小的车型

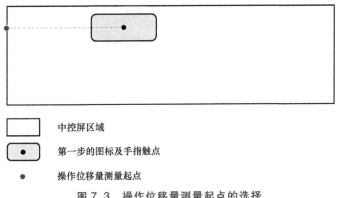

图 7.3　操作位移量测量起点的选择

取得一点额外的优势。但对于当前市场上主流的智能汽车，这个距离的差异是比较小的。

3. 注视点数

注视点数是通过某种交互模态实现某个功能操作时，驾驶员的视线在交互界面区域（中控屏、仪表盘或按键区域）上的注视点数之和。根据国际标准 ISO 15007 中的定义，注视点（fixation）是指在给定的时间段内，视线移动的短暂停留。该停留使眼睛注视兴趣区域内某个特定的点，并使它落在视网膜中央凹。典型的注视点时长在 100~2000ms 之间。Tobii I-VT 算法在筛选注视点时，会将 60ms 以内的注视点剔除掉。对于非移动的注视目标，两个注视点之间通常由一段扫视（saccade）相连。人眼扫视的角速度最快可达 500°/s。如果注视时视线的角速度超过了一定的阈值，例如 Tobii I-VT 算法中规定的 30°/s，则会被拆分成 2 个不同的注视点。注视点数的测量结果一方面会随着注视点算法的差异而不同，另一方面也会受到采集设备精度和可靠性的影响。通常只有使用相同型号眼动仪设备以及相同的注视点算法时，测量的结果才有可比性。

注视点数主要考察图标或按键容易寻找的程度。在执行交互任务的某个步骤时，常常需要先用眼睛找到要点击的图标或要按压的按键，然后手指再根据眼睛的定位伸向这个方向。一般情况下，眼睛需要多个注视点才能够找到目标位置。如图7.4 所示，在用触屏执行下一曲音乐的任务中，驾驶员的视线从道路移动到中控屏区域后，先在导航的小组件区域产生了 2 个注视点，然后才移入音乐小组件区域。而在音乐小组件中，先在左下角的切换音源图标产生了注视点，接下来才找到位于小组件右下角的下一曲图标。越是容易寻找的目标，每步操作所需的注视点就越

图 7.4　理想 One 用触屏执行下一曲音乐任务时注视点的分布情况

少，而那些难以寻找的目标，每步操作则需要非常多的注视点。对于一部分位置和触感都很明显的中控按键和方向盘按键，有可能实现"盲操作"，即完全没有注视点。

在一定程度上，注视点数与操作步数是相互制约的。例如，在图7.5中，左侧界面的中部有12个图标，是12个不同应用程序的入口，其中一个是高德地图，右侧界面的中部有3个更大的图标，其中也有一个是高德地图。左侧界面由于提供了较多的应用入口，驾驶员在寻找某个特定应用时可能会避免翻页，减少操作步数。但是，左侧的图标相对较小，数量较多，不容易寻找。在点击高德地图图标的交互步骤中，驾驶员在左侧界面的注视点数会多于右侧界面，消耗的时间也会更长。将注视点数与操作步数结合起来评价操作复杂度，可以避免那些为了减少操作步数而盲目增加页面内容的设计。

图7.5　比亚迪秦Plus（2021年）中控屏中不同页面的"高德地图"尺寸不同

7.3　评测结果总结与设计建议

7.3.1　典型交互模态的对比

交互任务中的一个操作步骤，在各种交互模态下都有不同的时间分布与注视点数量分布趋势。了解各种交互模态操作时间的构成与注视点的分布，可以为人机交互系统的优化设计提供帮助。

图7.6展现了驾驶员使用各种交互模态时，完成交互任务所消耗的时间分布。从上至下的过程是任务的一个操作步骤，然后继续循环，任务有几步就要在图中循环几次。图中矩形色块的长度代表该步骤消耗的时间。

在使用触屏交互模态时，驾驶员的操作可以进行如下分解：第一，根据交互任务，产生这一个交互步骤的输入意图，判断手指要点击的图标的形状或文字的内

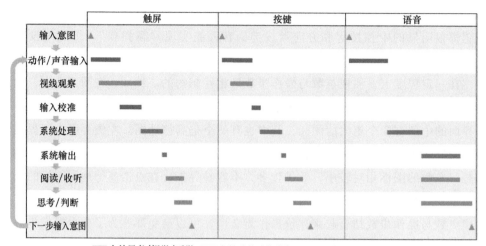

图7.6　各种交互模态的典型任务时间分布示意图

容；第二，手离开方向盘，朝着目标位置的大致方向伸向屏幕；第三，从手刚刚伸出时开始，眼睛看屏幕，寻找精准的目标位置，并为手指的触摸方向提供引导；第四，手指参考看屏幕的反馈进行动作校准，并点击到目标位置，即完成这一个交互步骤的肢体输入；第五，人机交互系统收到驾驶员输入后，进行信息处理；第六，人机交互系统通过屏幕显示或声音等形式输出，例如屏幕中的显示进入了下一级菜单；第七，驾驶员读取或听取人机交互系统的输出；第八，思考和判断看到或听到的输出信息；第九，形成进行下一个交互步骤的输入意图，并开始进入下一步的循环。触屏交互与实体按键交互的差异，一是由于屏幕内信息较多，且在不同页面下会不断变化，因此寻找特定的图标会更为困难。二是由于屏幕表面是平坦光滑的，手指无法凭借触感来确认点击位置正确与否，而要在眼睛的持续辅助下才能够准确地触及到目标位置。这都会产生更长的视线偏移时间和更多的注视点。

　　在使用实体按键的交互模态时，流程与触屏交互大致相同。但是，由于按键本身通常面积较大，触感明显，按键的形状和边缘可以帮助手指判断点击位置是否正确，所以在没有视觉持续辅助的情况下，也可以凭借触感非常快速地进行手指位置的校准。相比触屏，这就显著缩短了手指点击动作过程所消耗的时间，同时也带来更短的视线偏移时间和更少的注视点数。当然，对于那些设计不佳的按键，例如面积过小、边缘触感不明显的，也可能需要视觉的持续辅助。对于设计合理的方向盘按键，由于只需移动手指，无需移动手臂，常常可以实现"盲操作"，即完全不需要视线观察。

语音控制与其他交互的机制不同。如果不考虑按键触发语音对话（多数新车型都可以通过语音唤醒），驾驶员在说话之前可以保持注视路面，而不需要看屏幕。而且在语音识别正确的情况下，也无需再对说话的内容做任何校准。但是，说话本身所花费的时间较长，即使是 4 个字的简单指令通常也要花费 1.5s 左右的时间。在系统处理过程中，需要先对语义进行理解，再输入给系统进行分析和决策，消耗的时间比较长。在系统输出过程中，系统要将对话的文字朗读出来，朗读的时间也比较长。不过，收听系统输出的声音，或者阅读显示在屏幕上的朗读内容的过程，是与系统朗读输出过程同步进行的，所以无需消耗单独的时间。接下来，思考/判断过程以及决定下一个交互步骤意图的过程，与触屏和按键是相似的。可以看出，语音交互在每一个交互步骤所消耗的总时间较长，这主要是因为声音信息是一维线性的，输入和输出的效率都比较低，同时系统处理的过程也更加复杂。对于那些支持打断对话的语音交互系统，驾驶员可以在系统没有朗读完成之前就预判出系统输出的内容，然后打断朗读，直接说下一句话，即进入下一个交互步骤。这样就可以压缩系统输出时间，并让思考/判断时间与系统输出重叠起来，从而减少这个交互步骤的总时间。虽然语音每一个步骤的时间较长，但这并不意味着它一定是低效的。对于那些较为复杂的交互任务，语音常常可以只通过 2 个或 3 个步骤，完成触屏和按键需要更多步骤才能实现的目标。

7.3.2　高效性与安全性的关系

高效性与安全性是两个不同的、独立的指标，但在真实测试结果中，二者常常会有一些关联。更长的任务时间，通常都会导致更长的视线偏移总时间，因为大多数任务的全程都需要驾驶员间隔地注视屏幕。更多的操作步数，通常都会导致更大的车道偏离，因为每次肢体动作都会导致方向控制的不稳定，并且这些不稳定所带来的车道偏离会随着操作步数的增加而有所叠加。如图 7.7 所示，同样用语音执行"导航回家"任务时，车型 A 相比车型 B，操作步数较多，任务时间较长，所带来的车道偏离标准差也会更大。

高效性与安全性并非总是正相关的。例如一个方向盘上的按键较少，容易盲操作，另一个方向盘的按键较多，不容易盲操作。在完成某个交互任务时，前者需要 2 步，后者需要 1 步。这时就可能出现前者高效性较低，但安全性更高的情况。在交互模式不同的情况下，高效性与安全性更加缺乏相关性。例如，语音控制在一些任务中的耗时可能比触屏更长，但是语音交互全过程中视线偏移的时间占比较低，且完全没有肢体分心，因此安全性上可能比触屏更好。

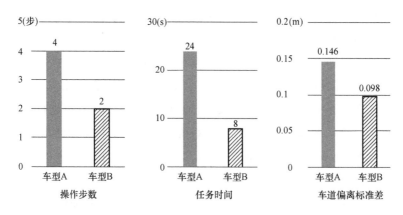

图 7.7　用语音执行"导航回家"任务的高效性与安全性数据对比

7.3.3　交互模态的选择建议

结合高效性与安全性评价指标来综合分析，可以对不同类别的交互任务做出如下的交互模态选择建议，作为汽车人机交互设计的参考。

对于简单任务（用触屏或按键通常为一两步，例如调节音乐音量、接听电话等）：

● 方向盘按键为首选交互模态。可以通过优化设计，尤其是减少操作步数，来实现更好的高效性与安全性。

● 中控按键也应当存在。一方面它所造成的驾驶分心相比方向盘按键增加得不多，另一方面它的功能定义范围更加丰富，可以作为方向盘按键的冗余设计与补充设计。

● 触屏可以不涉及这些任务。它所造成的驾驶分心十分明显，任务时间也更长。如果实体按键在这些任务方面有所缺失，必须要使用触屏，那么则要尽可能优化设计，使图标位置固定、尺寸合理，容易快速寻找。

● 语音控制同样可以不涉及这些任务。对于这些简单的任务，语音步数少、视线偏移时间短等优势没有充分发挥出来，反而其认知分心较强的问题更加凸显。但是，如果为了语音控制系统本身的功能完整性，也可以考虑包含这些简单任务，毕竟语音控制没有可见的界面，增加一些功能并不会挤占其他功能的排布空间。

对于中阶任务（用触屏或按键通常为 2~4 步，例如拨号给指定联系人、切换音源等）：

● 语音控制是最佳的交互模态。它的视觉需求明显小于其他交互模态，并且通常可以只用 1 步完成。

- 触屏及中控按键这 2 种交互模态，虽然会造成更多的驾驶分心，但建议至少还应有 1 种可以来控制中阶任务。因为它们的易学性更好，实现的功能也更加丰富。

- 方向盘按键可以不涉及中阶任务。因为它的按键数量有限，如果要完成这类任务可能需要更多的步数。

对于复杂的开放输入任务（例如输入目的地并开始导航、输入电话号码并呼叫等）：

- 语音控制是最佳的交互模态。它的视觉需求更小，可以减少交互步骤，并且不需要使用复杂的键盘或手写就可以输入开放式的文字内容。

- 触屏也应当包括这类任务。虽然它的视觉需求更高，任务时间更长，操作步数更多，但是它的易学性与功能的丰富程度优于语音控制。

- 中控按键和方向盘按键可以不涉及这类任务。用它们录入开放式的文字内容非常复杂，高效性与安全性都表现不佳，没有必要将为数不多的、宝贵的实体按键数量分配给这类任务。

第8章

认知

8.1 发展与形成

认知（cognition）是汽车人机交互系统有利于用户在使用过程中正确并高效地进行感知、理解、记忆、应用的能力。这一指标来源于认知心理学。

认知心理学（cognitive psychology）是心理学研究的方向之一。它研究的是人如何注意和选择信息、对信息认识和存储、利用信息制定决策、产生外部行为等。其目的是说明和解释人在完成认知活动时是如何进行信息加工的，外界的信息是怎样储存在头脑中的，人在解决问题时利用了哪些信息，采取了什么样的思维策略等。所以认知心理学也可以叫作信息加工心理学。

认知心理学者通过大量的实验对人的认知系统展开研究，主要内容有知觉、注意、知识、语言、记忆、思维等。这些实验涵盖了生理层面（如感受器的电位变化）和行为层面（如成分识别理论），结论具备科学性和普适性，能够作为其他人因相关研究的参考。

知觉是通过刺激感觉器官而产生的体验。在日常生活中，人有 80% 以上的知觉内容来自于视觉。在关于视觉的认知心理学实验中，通常包括大小、颜色、形状等物理性质不同的对象。对象可以是平面的文字、图片等，也可以是三维立体的事物。实验人员通过研究不同性质的对象对被测者视觉识别结果的差异，得出人视觉识别的普遍规律。视觉以外的知觉也在研究范围之内，但是实验方法有所不同。

注意是一种聚焦于特定刺激或者特定位置的能力。例如我们在阅读一段文字的时候，你的注意就被分配到这些文字上了。注意有指向性和集中性两个特点。人的心理活动在某一瞬间选择了某一对象，就会在这个对象上集中起来，忽略其他对象。人们同时注意的事情只能有一件。认知心理学家通过实验不断总结和改进注意力分配模型，得出关于人的注意力分配机制的结论，很多结论都能够被应用于汽车交互设计领域。

知识是指在记忆、推理、语言应用与理解等多种认知加工过程中用到的各种心理表征。目前的相关研究很多集中于分类。正确的分类能够帮助人理解事物。美国心理学家赫伯特·西蒙（Herbert Simon）认为人对事物的认识就是对关系的认识。认知心理学中的格式塔（Gestalt）理论，在交互设计中被广泛应用。

语言是一种由声音和符号组成的，用来表达感情、想法、思维和经历的交流系统。认知心理学中对语义、语法、会话、语言文化等的研究能够为人机交互中的语音交互相关研究提供理论支撑。

记忆是指在初始信息（如刺激、图像、事件、想法或技能）不再呈现的情况下，保持、提取或使用这些信息的加工过程。认知心理学研究短时记忆和长时记忆，并得出人的记忆模型、记忆容量、记忆内容、记忆持续时间等较为定量的成果，对于交互内容的设计具有实际的指导意义。

思维是根据外部信息解决问题、进行推理与决策的信息加工过程。认知心理学通过特定的实验方法，研究人的思维方式和过程，解释说明了人行为背后的影响因素，为人因领域的研究人员提供了科学的参考依据。

人的知觉和行为支配有许多成分是平行加工的。但在大脑皮层水平的记忆、思维、注意等过程则多是系列加工的。人在 1/4s 的时间内只能做一件事，这就是系列加工，如同计算机中的单线程。也就是说，这些过程中任何一个环节时间的延长，都会使整个思维活动的总时间延长。

人机交互的研究与认知心理学理论密不可分。根据人类信息处理模型和计算机科学基本原理，可以总结出图 8.1 所示的人机交互系统信息处理模型。人类信息处理模型认为人在接受刺激信息后通过感知系统（perception）、认知系统（cognition）和

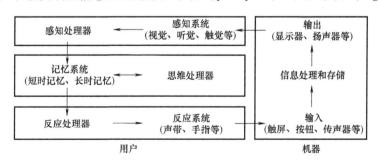

图 8.1 人机交互系统的信息处理模型

反应系统（response）进行信息处理并做出行动。计算机工作的基本原理是输入设备接收原始数据，通过运算和存储，将其转变为人们能接受的形式输出。在整个人机交互过程中，用户从屏幕、扬声器等输出设备获取信息。信息经过储存、转化，指导用户做出决策与反应，比如按下某个按钮、回答某个问题等。

依据认知心理学理论对汽车人机交互进行研究和评价是十分必要的。即便对于使用触屏切换歌曲这种只需一步的简单任务来说，其过程也涉及了认知心理学中的多个环节。用户首先需要用视觉在屏幕中观察各种信息和功能的图标，然后根据图标的形状、颜色等性质辨别出哪个图标表示"下一首"，接着伸出手指点击这个图标。如果任务发生在驾驶过程中，用户还需要在看屏幕之前观察外部的路况以确认安全，并在完成点击后迅速将视线回到路面继续驾驶。在这短短数秒中，用户的认知经历了知觉（看路面和屏幕）、注意（将注意力分配到驾驶和交互任务）、知识（识别安全的环境和正确的图标）、记忆（记忆图标的位置）、思维（判断出当下可以点击该图标以完成任务）。只有这样用认知原理拆解任务，才能精准地找到汽车人机交互设计中的基本问题并进行优化改进。

认知心理学的一些研究结果会通过主观的量表来进行量化。例如，在标准的系统可用性量表（System Usability Scale，SUS）中，有 10 个问题，见表 8.1。其中除了第 1 题，其他问题都与认知心理学原理有着直接或间接的关系。使用标准化量表的优势在于可以跨时间、跨领域地将结果进行横向对比，但这类量表对汽车人机交互的认知评测有局限性。首先，这类问卷量表是主观的，每一个问题什么情况给 4 分，什么情况给 3 分，没有具体的规定，全凭被测者个人的理解。其次，这类问卷量表所针对的是各个领域，可以是智能手机、计算机软件，也可以是洗衣机、电冰箱，因此题目都比较笼统，对于汽车人机交互这样较为复杂的系统，缺乏针对性。

表 8.1　标准的 SUS 量表

		非常不同意				非常同意
		1	2	3	4	5
1	我愿意使用这个系统					
2	我发现这个系统过于复杂					
3	我认为这个系统用起来很容易					
4	我认为我需要专业人员的帮助才能使用这个系统					
5	我发现系统里的各项功能很好地整合在一起了					
6	我认为系统中存在大量不一致					
7	我能想象大部分人都能快速学会使用该系统					
8	我认为这个系统使用起来非常麻烦					
9	使用这个系统时我觉得非常有信心					
10	在使用这个系统之前我需要大量学习					

汽车人机交互的认知评测可以建立一套较为客观化的定量评价体系，其中难以被完全客观化的指标可以用相对主观的方法作为补充。相比人类日常的种种行为，汽车人机交互系统中的信息和可进行的操作是有限的、封闭的、可穷举的，所以从认知心理学的角度对其进行量化时需要考虑的影响因素相对较少。此外，汽车人机交互的操作过程与认知心理学理论中许多定量的结论直接相关，如人脑短时记忆的容量、加工信息的时间等，这给定量评价提供了明确的依据。例如，如果中控屏中的信息量超过了短时记忆容量，那么它在这个维度上就不是最优的。

汽车人机交互的认知评价不仅重要，而且其标准要比其他领域更加严苛。当驾驶员一边驾车一边操作人机交互系统时，注意力同时被驾驶主任务和交互次任务占据。认知负荷较大的任务不仅执行效率很低，而且会影响驾驶安全。因此，有必要对汽车人机交互的认知评价标准进行精准量化，明确设计的边界，将用户的认知负荷控制在安全的范围内。

8.2 评价指标

汽车人机交互的认知评价可以拆分为逻辑结构、元素可见性、元素可理解性、元素可记忆性、系统反馈等二级评价指标。

8.2.1 逻辑结构

逻辑结构是指汽车人机交互界面层级之间、元素之间逻辑的清晰程度与易用水平。汽车人机交互如果拥有优秀的逻辑结构，会让用户更容易学习，也更愿意使用。逻辑结构与认知心理学中的知识、记忆、思维关联性较强。逻辑结构主要分为总体信息的层级结构和具体元素的聚类与从属关系。

1. 层级结构

汽车人机交互系统的层级结构主要针对中控屏内的各类信息。这是因为当代汽车中控屏内通常会集成绝大多数人机交互的功能，并且必须要按照某种逻辑进行层级划分。对于那些不依赖屏幕能够独立交互的功能按键（不含与屏幕协同操作的导向键），由于每个按键都只有单一的功能，所以没有层级结构。语音交互也可以通过一个命令直达某个具体功能，没有显著的层级结构。仪表屏与抬头显示器（HUD）也有层级结构，但相比中控屏，通常要简单许多。

对汽车人机交互层级结构的评价十分重要。一是因为汽车人机交互系统功能繁多，很多汽车中控屏中的各类功能加起来会超过 1000 项。二是因为不同汽车的人机交互层级结构各不相同，差异显著，且各有优劣。

　　我们将中控屏内的交互层级分为三个层次，分别是总目录层、应用层、快捷层，如图 8.2 所示。总目录层是所有功能与应用的入口，它可以是数个功能模块的图标组，也可以是数十个功能应用的排列矩阵，如图 8.3 所示。总目录不一定是中控屏中的系统首页。应用层是总目录层之下每一个具体的应用，例如地图导航、音乐播放、电话、空调设置、电影票预订等，分别都是一个相对独立的应用。每个应用内部还会有很多层级，但对于人机交互系统的总体层级结构而言不是研究的重点。如果所有功能都要从总目录层进入到应用层中进行操作或阅读，步骤较为复杂，可能造成更多的驾驶分心。因此，可以将一些常用的操作与显示功能提取出来，形成快捷层。快捷层可以是首页上的动态小组件（widget），也可以是通过非精确点击或滑动开启的控制界面，例如下拉菜单或右滑菜单中的快速开关，如图 8.4、图 8.5 所示。

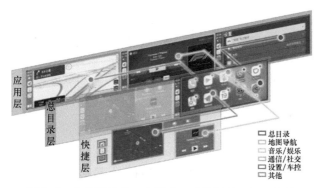

图 8.2　交互结构的三个层次，以苹果 CarPlay 为例

图 8.3　梅赛德斯-奔驰 S 级（2020 年）的总目录

图 8.4 宝马 i4 (2021 年) 首页的小组件可显示实时的导航、音乐信息

图 8.5 长安 Uni-T (2021 年) 的下拉设置菜单

由于每款车型的层级结构有很大的差异,很难用一套客观的评价方法去覆盖相关设计的方方面面。但是通过调研市场上主流的车型,可以总结出层级结构设计应该避免的一些问题,例如:

1) 缺失明确的总目录层。总目录是用户进入各种功能的入口,也是用户理解层级逻辑的起点。如果没有明确的总目录,或者大量功能无法通过总目录进入,会让用户在寻找一些功能时,难以判断该从哪里开始。

2) 缺失明确的快捷层。快捷层可以显著提高相关任务的操作效率,减少驾驶分心。如果没有快捷层,大多数功能都只能藏在较深的结构层级中,不易寻找,操作复杂。

3) 快捷层或总目录层无法显示导航、音乐等应用的实时状态。例如在首页的动态小组件 (widget) 中应当显示正在播放歌曲的名称和专辑封面、车辆所行驶的路线及引导信息。这让用户不必进入专门的应用,就可以随时查看多个不同应用中的重要信息。

4) 有多个系统嵌套,不同系统操作逻辑不统一。有些车型的人机交互系统由不同团队所开发,然后嵌套在一起,这有可能导致每个系统的操作逻辑非常不同,例如一个系统的目录是宫格形,另一个系统的目录是纵向列表。用户需要在不同的操作逻辑之间来回切换,增加了不必要的认知负担。

2. 元素的聚类与从属

在交互界面中，功能相关或相似的元素（图形、图标或按键等）应该被聚集在一起。它们可以出现在屏幕上的同一个页面或同一个模块，也可以出现在中控或方向盘按键区域中一块相对独立的面积。这样有利于用户对同一类功能排布的理解和记忆，也便于快速地寻找。例如，空调相关的功能被聚集在一起，灯光相关的功能被聚集在一起。空调的模块中不应该出现灯光的功能，空调的功能也不应该出现在空调的模块之外。但是元素的聚类并不意味着一类功能只能聚集在一个区域，它们也可以根据使用频率或使用场景被聚集在两三个不同层级的模块中。以空调为例，温度调节、风量调节等最常用的功能可以固定在中控屏幕界面的下部区域，或出现在下拉菜单中，而完整的空调设置可以是另外一个单独的界面。

在拥有多个层级的交互界面中，下一层级出现的元素应该确定地、不容争议地从属于上一层级。只有从属关系正确的逻辑结构，才能让用户自信地判断在上一层级应该点击什么图标，并在下一层级中找到最终要操作的功能，而不会出现误解，不会出现交互路径操作错误。例如，在线音乐播放器应该从属于音乐模块，车辆的驾驶辅助特性设置应该从属于车辆设置模块。如果将所有的空调功能都放在车辆设置模块中，就超出了一般用户的经验范围，让用户在寻找空调功能时不知从哪里入手。

元素的聚类与从属是汽车人机交互系统逻辑结构的基本要求，大多数车型在这些方面都不会出现问题。而一旦出现这类问题，不仅会增加具体功能的认知负荷，还有可能会严重破坏用户对这套人机交互系统的总体印象。

8.2.2 元素可见性

元素可见性是指用户在执行交互任务时，界面中的图标和文字能够被用户看清楚的程度。元素可见性与认知心理学中的知觉非常相关。元素是否能被看清楚主要取决于它的大小，同时也与其与背景之间的色彩有关。

1. 图标尺寸与文字尺寸

图标与文字需要达到足够的尺寸，才能够被用户看清楚，不产生观察错误，不占用过多的注意力。图标和文字所显示出来的尺寸不能用字号来表示，因为相同字号的文字在不同像素密度的屏幕上所呈现的尺寸是不同的。最准确的尺寸计量是图标或文字在人眼中所占的视角大小，单位是分（$60' = 1°$）。视角与图标或文字实际高度的换算关系如图 8.6 所示，公式为

$$H = 1000D\tan\left(\frac{V}{60}\right)$$

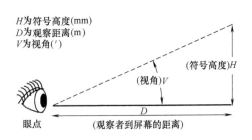

H为符号高度(mm)
D为观察距离(m)
V为视角(′)

(符号高度)H

(视角)V

D

眼点　　(观察者到屏幕的距离)

图 8.6　符号高度与视角的几何关系

在实际测试过程中，测量视角通常比较复杂。考虑到不同车型上，人眼到中控屏的距离都是相似的，通常在 0.75～0.85m 之间，所以也可以将上述公式中的 D 取值 0.8m，然后直接给出高度 H 的参考值。除非遇到屏幕布局非常独特的车型，才需要重新对视角进行测量。

美国国家公路交通安全管理局（NHTSA）在 2016 年提出的最佳文字视角是 20′，对应高度约为 4.7mm，最小文字视角是 12′，对应高度约为 2.8mm。最佳图标视角是 86′，对应高度约为 20mm，最小图标视角是 34′，对应高度约为 8mm。NHTSA 的设计指南可以参考，但也要针对当前中国市场上的智能汽车做出调整。一方面，汉字的笔画密度要比英文字母更高，所以汉字能够被看清楚的尺寸应该大于英文字母的尺寸。另一方面，在高分辨率的屏幕上，图标呈现的形式多种多样，有时一个简单的图标可能与文字的高度相似，也能够被清楚地辨别，所以某些形式的图标在评测过程中可以被放宽标准。

2. 背景色差

中控屏上的图标和文字除了应该拥有合适的尺寸，还应该与其背景拥有较为显著的色差，以便用户可以轻松地看清楚。尤其是当图标或文字的背景是地图或一张较为复杂的图片时，更容易出现局部的背景与图标或文字色差较小的情况。两种颜色的色差可以用 ΔE 来表示，大于 100 被认为是有显著的差异。但是在实际测试过程中，屏幕上元素之间色彩的精确测量是有一定挑战的。第三方测试者通常不能直接获取界面的原始设计稿，也就无法从中读取元素的色值。而且屏幕显示出的颜色与设计稿中的颜色也会存在偏差。所以最理想的方法是使用昂贵的专用设备来直接识别屏幕显示出的颜色。普通的色差仪并不能测量发光的屏幕。而如果用相机直接拍摄屏幕并进行分析，照片中的色彩与屏幕上显示的原始色彩常常也会有明显的偏差。

3. 图标颜色差异

人们在用视觉搜索一个特定的目标时，如果可以先确定目标的颜色，往往能够更加快速地找到它。在快速寻找特定目标时，颜色常常是比图形更加突出的特征。例如，在钱包中寻找特定面额的纸币时，我们会首先按照颜色将它们区分，而不是去看纸币上的图案和数字。

同样的道理，在汽车中控屏中的首页以及一级目录中，颜色不同的图标也有助于用户去快速地搜索。有些车型将所有图标都设计成相同的颜色，用户就只能通过图标本身的形状以及图标旁的说明文字来进行判断，导致视觉搜索的效率降低。不过，图标颜色的差异并不意味着整个图标都必须使用某种特定的颜色，这样可能会导致页面设计混乱，影响美观性。图标上一些细节的彩色点缀就可以对视觉的搜索产生引导作用，例如图标边框的下沿，如图 8.7 所示。通常情况下，图标的颜色只要有差异，就会是比较显著的颜色差异，所以不需要专门的设备对颜色进行测量。

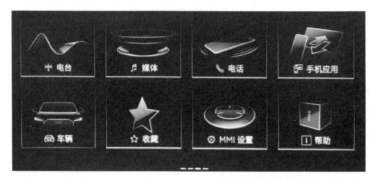

图 8.7　奥迪 A3（2021 年）中控屏首页的图标有彩色的边框下沿

8.2.3　元素可理解性

元素可理解性是指用户在执行交互任务时，界面中的元素与用户的常识相匹配，且容易被用户理解的程度。元素可理解性包括图标及文字是否容易被理解，也包括交互状态是否容易被理解。元素可理解性与认知心理学中的知识、语言、思维关联性较强。

1. 图标意义

汽车人机交互系统界面中的图标应当让用户很容易地联想到它所代表的功能。设计师不应该为了标新立异，将拟物的图标设计得过于抽象，或者将原本约定俗成的图标设计得截然不同。与车辆控制、指示相关的图标可以参考国际标准 ISO 2575，见表 8.2。与车辆导航、通信、娱乐相关的其他图标则可以参考相似功能在智能手机等电子产品上的常见设计。

表 8.2 国际标准 ISO 2575 中的车辆控制、指示图标汇总（节选）

Symbol No.	A	B	C	D	E	F	G	H	I	J	K	L	M	N	O	P	Q	R
01								P										OFF
02								R										AUTO
03								N										ON
04								D										START
05																		STOP
06																		ECO
07																		READY
08																		MAX
09																		MIN

（续）

Annex[a]

Symbol No.	A	B	C	D	E	F	G	H	I	J	K	L	M	N	O	P	Q	R
10																		RES
11																		SET
12																		AIRBAG
13																		
14																		
15								A										
16								M										
17																		
18																		

（续）

Symbol No.	A	B	C	D	E	F	G	H	I	J	K	L	M	N	O	P	Q	R
							Annex[a]											
19	△																	
20																		

a A = Lighting and signalling devices

B = Braking systems

C = Visibility

D = Cab environment and comfort

E = Maintenance and load functions

F = Engine

G = Fuelsystem

H = Transmission

I = Power drive

J = Vehicle handling and craise control

K = Active and passive safety systems

L = Security

M = Electricfunctions in general and electric road vehicles

N = Information and communication

O = Generic vehicle shapes

P = Miscellaneous

Q = Special symbols

R = Special signs

　　智能手机等电子产品上有一些约定俗成的图标特征。例如，在有来电时，绿色图标是接听，红色图标是拒绝。在智能手机和计算机上，电话的图标通常是绿色的，文件夹的图标通常是黄色的，电子邮件的图标通常是蓝色的，如图8.8所示。还有，一些常见的应用软件有自己独有的颜色，颜色已经成为用户对这些应用软件认知的重要一部分。例如，支付宝是蓝色的，微信是绿色的，QQ音乐是黄色的，网易云音乐是红色的。汽车人机交互系统界面上如果要使用颜色不同的图标，应该与这些约定俗成的图标颜色特征相一致，否则就可能引起用户的误解。如果界面上所有图标的颜色一致，则不需要考虑这些图标颜色的设计习惯，但这样的设计在元素可见性方面会有所缺失。

图8.8　小米MIUI 12（2020年）上的部分图标设计

2. 文字表述

　　汽车人机交互系统所显示出的文字以及所播报出的声音内容应当表述准确、没有歧义、没有错别字、没有多音字发音错误。文字表述错误是一种比较低级的错误，市场上多数成熟的车型都不会出现这方面的问题。进口车型在引进国内的时候需要对人机交互系统中的文字进行翻译，一些过于直接、缺乏本土化的翻译方式有可能让中国用户产生误解。例如，urban highway应当翻译为城市快速路，而有些车型却将它直接翻译成了城市高速公路。"高速"这两个字容易让中国用户联想到郊区的收费公路，这与城市快速路是截然不同的。

3. 信息可视化与操作具象化

　　信息可视化利用图形、图像、动画等方法，帮助人们理解和分析信息。用户在开车过程中需要关注很多信息，如果所有信息都以数字和文字的形式呈现，用户就需要先看清楚这些数字和文字，再去判断这个信息意味着什么，然后再决定自己下一步的行为，整个过程认知负荷较重。而优秀的可视化方法可以直接告诉用户信息意味着什么，从而让用户快速做出决策，减少认知负荷。例如，图8.9中导航提示的距离数字需要用户去判断184m大概有多远，而背景的蓝色倒数进度条则可以帮助用户直观地理解还有多远要进入匝道。图8.10中上方车辆灯光的效果会根据下方设置菜单的变化而动态变化，帮助用户理解不同灯光模式的具体作用。信息可视化本质上并没有提供更多的信息，而是让这些信息更容易被理解，这是与有用性中功能支持指标的显著差异。

图 8.9　高德地图（2021 年）中的导航提示倒数进度条

图 8.10　梅赛德斯-奔驰 S 级（2020 年）的灯光设置可视化界面

操作具象化指的是让用户在一个拟真的具象图形上直接操作车辆的功能，而不是在信息的列表或者矩阵中进行选择。具象化的操作一方面可以让交互变得更加直观，容易理解，另一方面也可以让屏幕界面成为物理世界中真实车辆在数字世界中的同步映射，更具科技感。例如，图 8.11 中的尾门可以被用户直接拖动，从而同步控制真实尾门的开启角度。

4. 可交互性提示

汽车人机交互系统的屏幕上常常会同时出现非常多的元素，用户需要知道哪些元素是可以点击的，哪些是不能点击的。对于列表或矩阵式的菜单，可交互的元素通常排列整齐，容易辨别。而对于具象化的操作界面，可交互元素的排列是不规则的，需要用专门的图形、边框、颜色或动效将它们表示出来，让用户容易辨别。例

图 8.11 广汽埃安 V Plus（2021 年）可以在图形中直接操作尾门开启角度

如在图 8.12 中的空调具象化操作界面中，左侧 2 个出风口的风向前方有半透明、白边框的圆形，意味着可以拖动，而右侧 2 个出风口的风向前方没有这样的图形，意味着不可以拖动。

图 8.12 保时捷 Taycan（2020 年）的空调设置界面可以用手指拖动风向改变

8.2.4 元素可记忆性

元素可记忆性是指用户在执行交互任务时，界面中的元素排列较为简单，且容易被用户记忆的程度。元素可记忆性与认知心理学中的记忆、思维关联性较强。界面中元素是否容易被记忆主要取决于元素的数量和排列方式。

1. 图标/词组数量与文字数量

判断界面中的元素是否容易被记忆，需要了解认知心理学中记忆相关的理论。美国心理学家乔治·米勒（George A. Miller）提出，测量短时记忆的最小单位为组块（chunk）。组块是人们熟悉的一个单元。图形组块通常是一个图形或一组图形，而文字可以是一个汉字、一个字母，也可以是一个词组、一个短语。例如，"上海交通大学"这 6 个字是 1 个组块，因为用户会把它作为一个不可分割的整体来记忆。而"上通"虽然只有 2 个字，但它却是 2 个组块，因为这 2 个字在大多数语境下没有关联，用户需要分别记忆它们。

在屏幕的某一个页面中，我们可以根据图形的边框、图标的排列与聚集，将所有的元素划归为若干个一级组块。例如在图 8.13 中，第 2、第 3、第 5、第 6 号组块都有明确的图形边框圈定出它们的范围，而第 1、第 4、第 7 号组块虽然没有明确的边框，但其中的图标整齐排列，分布规律，在视觉上也有显著的整体性。在每一个一级组块中，还可以再分为若干个二级组块，例如第 5 号音乐的一级组块中，又有播放图标、下一曲图标、QQ 音乐应用图标、歌曲名与歌手这 4 个组块。用户在记忆"播放"图标的位置时，并非直接去记忆它在整个屏幕上的位置，而会先记住它在左下角的音乐模块中，然后再记住它处于音乐模块的左上方。

图 8.13 蔚来 EC6（2021 年）中控屏首页的组块划分方法

为了让用户更加容易记忆，无论是一级组块的数量还是二级组块的数量，都不应该太多。每一个级别组块的合适数量可以参考认知心理学相关的研究结果。例如，乔治·米勒发现人的短时记忆容量是 7±2 个组块。

二级组块中常常会包含一些连续的文字，可能是一个词语，也可能是一段话。例如，图 8.13 中的 2 号一级组块中，就有"回家""去公司"这两个文字的二级组块。这些连续的文字不应该太长，否则也不利于用户的记忆与理解。有两类文字的长度可以不被考察。第一是歌曲名、目的地地址等由用户输入的开放式内容，因为它们的长度不受人机交互系统设计者的控制。第二是针对某一功能的描述性解释文字，因为用户一旦了解了这些功能，之后使用就不需要每次都仔细阅读这些解释文字了。

2. 排列方式

人们在记忆和查找组块的过程中，通常都会按照一定的顺序，比如一行一行、一列一列、顺时针等。所以，屏幕中的核心组块也应该有清晰明了的排列方式。例如总目录中的图标，可以排成一行、排成一列、排成二维矩阵，或者围绕一个圆弧排列。其他一些不规则排列则不利于用户的记忆和查找，例如菱形排列、蜂窝形排列、随机气泡排列、词云排列等。

8.2.5 系统反馈

在执行交互任务时，系统在收到用户的某个输入之后，应当能够显著、快速、流畅地给用户反馈。系统反馈与认知心理学中的知觉、思维关联性较强。系统反馈不仅能够辅助用户更加轻松、自然、高效地完成交互任务，同时也有可能塑造用户对一套人机交互系统的总体主观印象。

1. 反馈丰富性

人机交互的系统反馈应该出现在输入成功和执行成功两个环节。输入成功的反馈应该出现在输入完成的瞬间，让用户知道自己已经输入成功。执行成功的反馈则是要让用户看到执行结果，并开始下一步操作。在系统运转流畅的情况下，输入成功与执行成功有时几乎出现在同一个时刻，但我们不能因此就将二者混为一谈，也不能将所有的反馈都安排在执行成功的时刻。一旦系统出现卡顿，输入成功和执行成功之间就会产生时间差，如果系统不能在输入成功后给用户及时的反馈，用户就有可能重复操作，导致更长时间的注意力分散，甚至有可能因此出现交互路径错误，需要退回重做。

每种交互模态都有对应的系统反馈方式，见表 8.3。

按键作为一种传统的交互模态，本身就可以通过压感把输入成功的信号反馈给手指，即按下按键的行程或旋转旋钮的行程。这是按键非常明显的一种优势。触摸

表 8.3 各类交互模态的系统反馈建议

交互模态	输入成功反馈	执行成功反馈
按键	• 压感(振动、按键行程等) • 按键提示音	• 按键形态变化 • 按键背光灯变化 • 屏幕中弹窗/页面变化
触屏	• 按键提示音 • 图标/文字颜色、形状变化 • 触摸时屏幕有振动	• 屏幕中弹窗/页面变化
语音	• 语音确认(包括重复指令) • 指令内容文字在屏幕上的显示	• 屏幕中弹窗/页面变化 • 语音告知执行结果

式按键本身没有行程,需要触摸面板振动才能给手指反馈。此外,按下按键后,系统还可以发出短促的提示音。对于不与屏幕联动的按键,一般通过按键自身形态的变化或者按键背光灯的变化来体现执行成功。而对于与屏幕联动的按键,一般则通过屏幕中弹窗的出现、页面的变化来体现执行成功。

触屏没有按压的行程,所以没有压感反馈,这是它相比按键的一个劣势。作为补偿,有些车辆的触摸式屏幕具有振动反馈,反馈手感与触摸按键的振动类似。但是,由于制造成本较高等原因,触屏的振动反馈普及速度较慢。触屏中的图标或文字在被点击成功时,它本身的颜色和形状应该发生变化。例如,在苹果 iOS 操作系统中,用户点击桌面图标后,图标会先变灰,然后再进入这个应用,如图 8.14 所示。这种变化可能非常细微,不易被用户明确地察觉到,但是却可以让用户感觉到整个交互流程是顺畅的、有节奏的、不呆板的。

图 8.14 苹果 iOS 15 智能
手机系统中的图标(左侧)
被点击之后颜色会
变灰 (右侧)

语音控制的交互方式与按键和触屏差异较大,它的输入成功反馈一般需要通过语音系统的应答来确认,例如说"好的",或者将用户的指令再重复一下,例如"您是要导航到 xxx 吗?"此外,语音控制最好还可以将用户说出的话实时显示在屏幕上,这一方面可以说明语音控制系统正在聆听和理解,另一方面也可以让用户看到自己说的话是否被正确地识别,如果被识别错误则可以尽早停下来重新说。对于输出成功的反馈,语音控制不仅要在屏幕中显示弹窗或页面的变化,还应该通过系统应答来告知用户,例如说"已将温度设定为 26 度"。但是,过于冗长的系统应答也可能会增加任务时间和认知分心的程度。

2. 感知流畅度

触屏卡顿与否，经常是一套汽车人机交互系统留给用户的第一印象。虽然短暂的卡顿未必真的会影响高效性与安全性，但却会损害用户对这套系统总体的主观印象。良好的感知流畅度要求从用户操作结束至感知到系统反馈的时间间隔不能太长，并且反馈的动画自然、流畅。对感知流畅度影响较大的任务包括在屏幕上快速地自由翻页、点击总目录上的图标进入某个应用等。

3. 消除等待焦虑

汽车人机交互系统在执行某些任务的时候会需要几秒钟的时间来处理信息，例如识别用户的语音输入、基于用户输入的关键字来联想导航目的地等。这些信息处理运算量较大，并且往往需要云端资源支持，所以难以将时间压缩至很短。用户在等待这些信息处理的过程中，会感觉到交互过程中断，甚至可能会怀疑系统出现故障，从而产生焦虑的情绪。在这种情况下，系统应当通过屏幕上的文字、动效，或者语音提示来告知用户系统当前正在处理信息，以减轻用户等待时的焦虑感。如果将这些动效和语音提示做得生动有趣，可能还会进一步拉近人与车之间的情感距离。

8.3 评测结果总结与设计建议

8.3.1 交互层级结构的趋势

作为汽车人机交互的参考，手机在过去二十年中，交互层级结构的变化方向非常统一。功能手机的桌面通常是一张壁纸和两个快捷功能入口，点击一步才能进入总目录。智能手机与功能手机相比，总目录层变为了首页，快捷层除了常用应用，还增加了常用设置开关以及一些应用程序的小组件（widget）。相比智能手机，汽车人机交互的层级结构百花齐放，并不统一。例如，有些车型的首页是总目录，有些车型的首页是快捷层。

很多传统汽车品牌的人机交互系统都会将总目录作为首页。以宝马为例，图 8.15 展示了近 20 年来宝马 5 系 iDrive 系统的变化过程。从 2003 年到 2015 年，宝马 5 系的系统首页都是非常典型的总目录，即可以从这一页进入到所有的功能，只不过 E60 车型的总目录分布在四个方向，而 F10 车型的总目录是纵向的列表。2016 年，G30 车型第一次引入了功能卡片式的小组件，6 个卡片分布在 2 个页面上。所有功能都可以从这 6 个卡片进入，所以这 6 个卡片依然是总目录。2020 年，

宝马5系，E60(2003年)

宝马5系，E60FL(2007年)

宝马5系，F10(2010年)

宝马5系，F10FL(2013年)

宝马5系，G30(2016年)

宝马5系，G30FL(2020年)

图 8.15　历代宝马 5 系 iDrive 系统的首页布局（来源：BMW Group）

G30 改款车型出现了较大的变化，桌面的大部分面积是可以自定义的功能卡片，而能够进入所有功能的总目录变成了最左侧纵向排列的 5 个图标。宝马对于总目录式首页和逻辑树式菜单的执着，一方面是为了传承历史，另一方面也要兼顾 iDrive 旋钮的使用特征。旋钮可以很自然地让光标横向或纵向移动，却难以像手指触摸那样在屏幕上自由地选择任意坐标。

近年来，汽车人机交互层级设计有一个显著的趋势，就是将快捷层作为桌面，而不是总目录层。快捷层作为桌面有两种常见的方式，第一种是在桌面上布置若干小组件，如图 8.16 所示。这些小组件主要包括显示路径与引导信息的地图导航小组件、显示当前播放歌曲并可以切换到下一曲的音乐小组件等。这些小组件的数量和位置通常是可以自定义的。点击小组件也可以进入完整的功能应用页面，即小组件本身也是一个入口。但是，多数车型并不能通过小组件进入所有的功能应用，所以小组件并不能替代总目录。第二种方式是将完整的地图作为桌面，如图 8.17 所

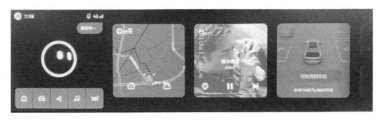

图 8.16　理想 One（2021 年）中控屏桌面的小组件

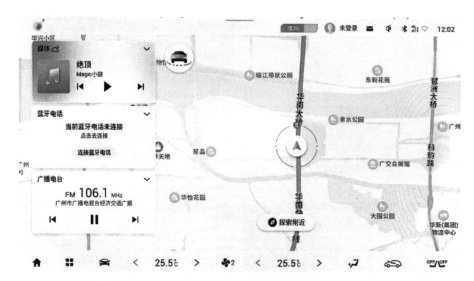

图 8.17　广汽 Aion V Plus（2021 年）中控屏以地图为桌面，并有若干小组件

示。此时，地图既是一个应用，也可以被视为快捷层。这样的设计将导航、兴趣点搜索以及其他一些生态功能都融合在了一张地图上，更加强调了城市探索的产品定位。以地图为桌面的设计，通常还需要另外一两个平行的桌面，或者 2~4 个在桌面上的小组件。因为并非所有的功能都能够从地图进入，例如音乐播放就与地图上所显示的地理信息没有关系。很多以小组件为桌面或以地图为桌面的车型，都会提供一个额外的应用列表页面，即总目录层，但这个总目录并不会经常被使用到。

何种类型的首页、何种类型的层级结构，理论上并没有优劣之分，只要这种设计能够做到步数较少、信息直观、逻辑清晰、易于学习即可。在实际车型的评测中，交互层级结构设计优秀的产品，大多数都是以小组件或者以地图为桌面的设计。传统总目录为桌面的设计虽然易于学习，但是在信息直观、步数较少等方面常常缺乏潜力。

8.3.2　元素尺寸与美观性

车内屏幕的尺寸越来越大，是否意味着其中的图标和文字也会更大，让用户看得更清楚呢？现实并非如此。对比 2021 款的保时捷 Taycan 和小鹏 P5 可以发现，Taycan 的屏幕尺寸较小，为 10.9in，主要功能平均字体高度为 5.0mm，而 P5 的屏幕尺寸较大，为 15.6in，主要功能的平均字体高度却只有 3.4mm，如图 8.18 所示。

图 8.18　保时捷 Taycan（2020 年，左图）与小鹏 P5（2021 年，右图）的字体大小对比

越来越多的车型在大尺寸屏幕上布置小尺寸的元素，一方面是因为当下屏幕分辨率和清晰度越来越高，能够将较小的元素显示得清晰、锐利，另一方面则是考虑到页面布局的美观。将元素尺寸缩小、增加留白面积可以让界面显得更加干净、简洁，同时也可以提升一些科技感。这样的设计手法不仅应用在汽车的界面上，还广泛应用在智能手机、平板电脑等产品的设计上。对于大多数页面布局方式而言，元素可见性与页面的美观性都会存在这样的矛盾。如何平衡，如何取舍，需要设计者根据品牌定位与目标人群来进行判断。

8.3.3　易学性是否重要

易学性是交互系统可用性的重要组成部分。标准 SUS 量表中的第 3、第 4 题就是针对易学性的，见表 8.1。易学性的影响因素较为复杂，综合性很强，涉及逻辑结构、可理解性、可记忆性等指标，但又比这些指标的范围更广。同时它又难以被量化，因此并不在本章的评价指标之中。

汽车人机交互系统的易学性是否重要？有人认为重要，因为一套复杂的交互系统理应降低用户的学习门槛。有人认为不太重要，因为用户通常会常年驾驶同一辆车，即使刚买车时的学习成本较高，也不影响日后多年的使用体验。这个问题的答案没有定论，但有以下几点需要考虑。首先，易学性的基础参照是目标用户已有的使用习惯，它会随着目标人群的不同而变化。以年轻用户为目标的产品只要逻辑合理，就可以引入一些创新的设计，让用户去探索和学习，同时也可以参考时下流行的智能手机应用。以年长者为目标的产品则应当与上一代产品保持较高的一致性，减少交互方式的显著变化，即便新的交互可能更加合理。其次，独特的新功能应该让用户容易找到，否则一些用户可能常年都不知道自己的车拥有这个功能。例如2015 年之后，一些合资品牌车型就开始内置微博、大众点评等国内流行的应用软件，但它们往往藏在很深的目录中。用户如果不去刻意地探索，一般很难找到。第三，用户愿意接受的易学性与品牌的强势程度成反比。用户对于交互体验的态度并不是纯理性的，而会被很多情感所影响。很多用户在面对强势品牌的车型时，会认为自己就应当去付出时间来学习它的交互方式。而对于其他普通品牌的车型，用户则更容易失去耐心。例如，特斯拉在 2017 年推出的 Model 3 将仪表功能完全整合进了中控屏内，颠覆了人们以往的使用习惯，却可以被大多数用户所接受。在此后的 5 年时间里，其他品牌却几乎没有类似的尝试。

第9章

智能

9.1 发展趋势

9.1.1 智能的定义

　　智能（intelligence）是个体在面对特定环境时，有目的地行动、理性地思考、高效地应对的总体能力。这是著名心理学家大卫·韦克斯勒（David Wechsler）1944年在《成人智力的度量》一书中提出的定义。智能分为人类的智能、非人类动物的智能、人工的智能。在中文环境中，我们通常将人类的智能称为智力，智能则通常用来形容机器。但无论是智能还是智力，英文中都对应 intelligence 一词，因此二者在本章中不做区分。由于汽车人机交互的智能属于人工的智能，即机器的智能，所以本章统一使用智能一词。

　　人工的智能是指一个系统能够感知环境并做出行动，以最大限度地实现特定目标的能力。对于人工的智能，或者说机器的智能，它的评判标准与人类的智能类似，需要将动态的环境变化作为系统的输入，通过计算与处理，产生更加高效的输出来实现特定的目标。在这样的定义中，需要手动开启的汽车刮水器，即便开关是在中控屏上，也不属于智能系统。而能够主动感应雨量开启的刮水器，即便开关是一个传统的物理拨杆，也属于智能系统。

　　需要指出，这里所说的人工的智能，比狭义的人工智能更为广泛。人工智能作为近年来新兴的具体的研究领域，通常都要使用机器学习算法，来处理那些简单因果规律无法胜任的任务。但在上文对人工的智能的定义中，一套系统并不是必须使用复杂的算法。

智能所对应的英文除了 intelligence，还有另一个词 smart。智能手机、智能手表中的"智能"在英语中都是 smart，而不是 intelligent。Smart 不是一个学术研究的范畴，而是一类消费产品的属性。智能设备（smart device）并没有严格的定义，但它通常都要包含 3 个特征：强大的算力、实时接入互联网、开放的操作系统。

对于机器而言，智能的这两种含义各有侧重。它们常被兼具，却并不等同。Intelligence 更加强调处理每一件具体任务时的能力。例如，梅赛德斯-奔驰、日产等品牌将智能前照灯称为 intelligent headlight，来强调它可以在各种环境下提供不同的照明方案。但前照灯除了照明之外，也很少会有其他新的功能。Smart 则更加强调能够处理的任务的多样性。例如，智能电视被称为 Smart TV，而它与传统电视最大的区别就是拥有更丰富的内容资源。

智能汽车在英文中通常被称为 intelligent vehicle，而较少被称为 smart vehicle 或 smart car。原因可能有两点，一是智能汽车除了智能座舱人机交互之外，还包括自动驾驶，而自动驾驶明显超出了智能设备（smart device）的定义范围。二是戴姆勒集团中有一个诞生于 1994 年的汽车品牌也叫作 Smart，如果再用 smart 来描述一类汽车可能会产生混淆。从定义的范围上来讲，如果只谈论智能座舱人机交互系统，而不涉及自动驾驶的话，使用 smart 一词也并无不妥，但很多人还是习惯于使用 intelligent。

汽车人机交互兼具了这两个含义的智能。一方面，汽车座舱越来越像一个智能设备。视频、游戏、生活服务等功能逐步进入车内，甚至很多汽车人机交互系统与智能手机、电视一样，都使用 Android 操作系统。另一方面，汽车人机交互并不是功能的堆积，而需要采集实时位置、驾驶员状态、其他交通参与者等诸多环境因素，更主动、更高效地服务用户。我们将汽车人机交互发展的这两个方向分别称为功能智能和场景智能。

9.1.2　汽车座舱是智能化的最佳载体

汽车人机交互设备未来将成为消费者所能够拥有的最智能的设备。汽车座舱也将成为消费者能够进入的最智能的空间。这一论断听起来非常激进，毕竟当前汽车人机交互的智能化程度还无法达到和智能手机相同的水平。但是，当我们将汽车人机交互和智能手机都还原为用于计算的机器，从它们的架构上进行分析，就能够发现汽车人机交互的优势了。

任何用于计算的机器都需要有输入设备和输出设备。1949 年，"现代计算机之父"冯·诺依曼（John von Neumann）所提出的计算机结构就包括输入设备、存储器、运算器、控制器、输出设备五个部分，如图9.1所示。输入与输出设备并不是电子计算机独有的。早在1833年，英国发明家查尔斯·巴贝奇（Charles Babbage）所发明的 Analytical Engine 纯机械计算器中就使用打孔的卡片作为输入设备，并使用一个打印机、一个绘图机和一个铃铛作为输出设备。

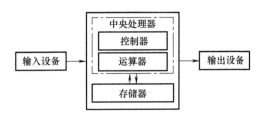

图 9.1 冯·诺依曼计算机结构

输入设备和输出设备对于一部机器的智能化程度至关重要。根据大卫·韦克斯勒对智能的定义，这部机器应该能够充分地适应特定的环境，也就是要有足够丰富的环境信息输入给机器。同时，这部机器还要能够高效地应对与执行，这就需要机器以足够丰富的形式进行输出。这些输入与输出应当做到较高的自动化程度，而不需要人进行太多参与。所以，传感器是非常重要的输入设备，而执行器是非常重要的输出设备。

智能手机虽然拥有强大的计算能力，但是它自身所具备的传感器数量有限，主要有摄像头、传声器、惯性传感器（IMU）等。而且在用户不使用智能手机时，有些传感器无法有效地工作。例如，当智能手机被正面朝上平放在桌面上时，后置摄像头就无法拍到任何东西，前置摄像头也只能拍到天花板，基本上没有有效的信息。智能汽车的座舱可以拥有更为多样的传感器，并且只要用户在使用汽车，这些传感器都可以有效地工作。例如，在座舱内，座椅的坐垫传感器可以判断每个座位是否有人，车内摄像头可以监测用户的动作与表情，方向盘转角传感器可以判断驾驶员是否疲劳，传声器阵列不仅能够采集用户说话的声音，还能够定位是哪一位用户在说话。在车身与底盘上，轮速传感器配合惯性传感器（IMU）可以精确判断车辆的行驶姿态，动力系统可以实时监测车辆的能耗状态。面向车外环境，摄像头与雷达可以监测周围的车辆、行人、障碍物，雨量传感器和光线传感器可以判断当前的天气情况。

智能手机的输出设备更加有限，一般只有屏幕与扬声器。而且，屏幕与扬声器并不能直接影响任何物理设备的运动，也不属于狭义的执行器。而汽车除了拥有屏幕与扬声器进行输出，还拥有大量的执行器。车上的每一个电动机都可以视为一个执行器，它们可以调整座椅的位置、调整后视镜的角度、开关行李舱盖、改变空调的风量与制冷强度、调整刮水器的速度。而且，汽车本身就是一个大型的执行器，通过调整动力系统与底盘系统的输出，车辆可以保持行驶安全，不发生失控，也不与其他车辆、行人、障碍物发生碰撞。在实现高级自动驾驶之后，整辆汽车还可以作为移动交通工具，成为将用户送往目的地的执行器。

汽车上丰富的传感器与执行器都是被统一设计、统一调试、统一管理的，彼此之间能够做到高度协同。虽然智能手机可以与一些智能家居设备进行连接，拥有丰富的传感器与执行器，但这样由用户自行匹配的系统无法实现汽车那样的高度协同。

汽车丰富的传感器与执行器可以给智能化场景创造极大的想象空间。当用户进入车内后，车辆就可以根据驾驶员的身心状态来自动设置空调温度、调节氛围灯颜色，并根据当前坐姿，自动调整座椅位置和后视镜角度。在设置导航目的地之后，车辆可以自动规划沿途的加油站与餐厅，并且根据用户的喜好自动推荐两三种餐食组合让用户快速选择。在驾驶过程中，车辆可以根据光照强度、前方车辆位置、是否下雨等环境因素，自动调整前照灯的亮度、射程与光区形状。在到达目的地后，车辆可以自动从大楼的门口行驶到指定的停车位，不需要驾驶员在车内控制。为了实现以上这些智能化的场景，需要以汽车人机交互系统为计算与决策的核心，将车上所有的输入与输出设备充分打通。而如果以相对孤立的智能手机为核心，打通这些数据是非常困难的。

汽车在智能化场景方面拥有巨大的潜力，但实现这一美好愿景也并不容易。首先，传统汽车的电子电气架构将各个系统相互孤立。例如，汽车虽然可以实时采集每个车轮的转速数据，但是这些数据却未必能够输入给导航系统来矫正实时定位。打通这些数据不仅需要基于用户体验的场景定义，更有赖于整车电子电气架构的升级。其次，软件与算法不是传统汽车企业的能力优势。在所有数据相互打通之后，需要强大的软件与算法来分析这些数据。汽车产业在这一领域的能力总体上不如互联网产业，这会限制智能化体验的输出结果。例如，根据用户的喜好来推荐两三种餐食组合，这一概念描述起来非常简单，但在现实生活中，还没有哪一款智能手机软件可以很好地做到，而大多数用户还是会花费大量时间来浏览冗长的菜单。此外，数据安全和隐私保护也是一个重要的问题。各类数据即便在工程层面能够充分打通，也还要遵守数据安全相关法律法规的要求。由于智能汽车产业仍在高速发展期，相关法律法规的制定常常有一定的滞后性。

9.2 评价指标

汽车人机交互的智能评价可以拆分为理解力、功能智能、场景智能等二级评价指标。

9.2.1 理解力

理解力是系统能够理解用户自然指令意图并进行有效交互的能力。对于汽车人机交互系统，理解力主要针对语音控制模态。用户所说出的语音指令常常不是事先被定义好的词语，而是口语化的、有上下文逻辑的一句话。语音交互系统需要在识别出每一个词语的基础上，对这些话进行分析和理解，才能明白用户真正的意图。而利用触屏、按键等模态的交互任务都有着明确的操作目的和有限的选择范围，不需要系统再对用户的输入进行理解。例如，在中控屏上的导航目的地列表中，每页可能有 6 个选项，用户可以在这些选项之中选择一个并点击。而后，系统根据触摸屏上点击位置的坐标值就可以明确地定位用户点击的是哪个选项。未来，随着更多自然人机交互模态的普及，例如肢体动作交互、表情交互、脑机接口等，理解力的应用范围可能会进一步扩大。对于不需要用户主动输入的智能化功能，因其不属于理解力的范畴，会在后续的场景智能中讨论。系统优秀的理解力可以让交互变得更自然、更简便，但它本身并不会增加功能的数量，也不会直接提高任务的成功率，因此不能将理解力与有用性中的指标混淆。

汽车的语音交互系统应当在特定的目标范围内与用户自由地交流，让用户感受到高效便捷、真实可靠、不被冒犯。也正是由于语音控制的输入和输出都具备较高的灵活性，设计者可以通过一些差异化的应答来赋予车辆特定的性格，更好地拉近人车关系，让汽车不仅是一个工具。

语音控制理解力的基础是能够实现自然语言对话。早期的语音控制只能识别特定的机械式指令，例如"调高空调温度"，这些指令不能被用户进行任何改动，否则系统就无法识别。自然语言对话大大放宽了对于指令范围的限制，可以让用户像正常的人际间交流那样表达，例如"太冷了""我觉得有点冷"都可以被理解为需要调高空调温度。

在自然语言对话的基础上，语音控制还应当具备语境理解、可打断、可纠错、声源识别等理解能力。语境理解是指用户与车辆系统进行超过一个回合的连续对话时，系统还应当能够通过上下文来判断用户正在说的话题。例如，在用户询问苏州的天气之后，如果再说"上海呢"，则意味着他想了解上海的天气，而不是关于上海的其他信息。可打断是指在系统尚未播报完一句话的全部内容时，如果用户已经提前明白了系统的意思，就可以打断它的播报直接说出下一条指令。这样可以显著提高语音交互过程的效率。可纠错是指用户在表达出现错误时，可以对局部的信息进行纠正，而不需要重新开始对话。例如，在用户说出一个 11 位电话号码的时候，如果说错了第 10 位数字，他可以只重复最后 4 位，而不需要将全部号码再说一遍。独立音区是指语音交互系统通过定向传声器识别出车内哪一位乘员在讲话。例如，识别出后排乘客说出"调高空调温度"后，系统可以只调整后排的空调温度。

9.2.2 功能智能

功能智能指汽车人机交互系统中与驾驶及车辆控制不直接相关的开放式应用的数量以及所包含内容的丰富程度。这些应用通常都需要接入互联网才能够实现，可以包括音乐、视频、游戏等娱乐类应用，以及餐饮、洗车、停车等服务类应用。

这些应用的开放性体现在两点，一是可以通过在线下载、在线升级等形式获取更新的、更多的应用。二是其中的内容跟随线上的服务器实时更新，而非固化在本地系统内。这些应用在汽车人机交互系统中呈现的形式多种多样，它们可以像在智能手机上那样，以一个独立的软件应用 App 存在，拥有独立的图标作为入口，也可以将这些应用的能力集成在已有的模块中。例如，在音乐播放的界面中，可以选择进入在线音乐的内容。又如，在地图上出现的餐厅，可以点击进去进行预约。

1. 功能丰富度

功能丰富度是汽车人机交互系统中开放式应用所能够覆盖的功能的数量。在具体的评测过程中，可以制定一个功能库，然后考察具体一套人机交互系统中能够提供多少比例的功能。

汽车功能智能评价的初衷是希望汽车人机交互系统能够集成更多有价值的应用，并拥有良好的体验，因此在评价的过程中，可以考虑排除掉那些不完全属于汽车人机交互系统能力的应用实现方法。这些被排除的方法主要包括三种。一是使用远程人工客服方式实现指定类型功能或服务，例如通用汽车的安吉星。人工服务虽然能够实现很多的功能，但汽车人机交互系统在整个服务流程中主要只作为通信设备，而几乎没有显示出自身的智能。二是通过第三方非原生车载设备实现指定类型功能或服务，例如苹果 CarPlay 投屏。CarPlay 要求用户必须使用苹果手机，而不能使用 Android 手机，不具备用户的普适性。而且汽车人机交互系统只作为输出设备，并不独自提供任何智能化的服务。三是使用非车载场景应用实现指定类型功能或服务，例如通过中控屏中的浏览器登录网页版微信。基于浏览器的服务没有对驾车场景进行优化，通常体验不佳。而且，如果一套汽车人机交互系统只要拥有浏览器，就能够实现绝大多数的功能与服务，那么对此再进行评测也就没有太大意义了。常见的汽车人机交互的开放式功能与服务见表 9.1。

表 9.1　汽车人机交互系统中常见的开放式功能与服务

生活服务	餐饮预定、智能家居、拍照、相册、车辆养护、加油/充电支付、停车支付、购物
娱乐	在线音乐、在线音频、视频、游戏、KTV
导航生态	与手机地图共享账号、其他应用位置推送/共享、到达目的地主动推荐、兴趣点分析、常用路线记录、自驾游
社交生态	即时通信、组队出行、陌生人社交
新闻资讯	天气、新闻

有时候，一辆汽车的人机交互系统会提供多个功能基本相同的应用。例如，一些车辆同时提供 QQ 音乐、酷狗音乐、听伴等在线音乐应用，或者同时提供高德地图、百度地图、腾讯地图等地图导航应用。仅从功能丰富的角度来看，同类型的应用越多越好，它们可以给用户提供更多的选择。但是，如果考虑到用户的综合体验，过多的同类型应用可能让用户无从选择。更好的做法是，汽车人机交互系统用一个统一的平台来集成所有同类应用中的资源。例如，用户在唯一的在线音乐平台搜索某首歌曲，系统可以自动在多个在线音乐应用中搜索质量最优的来播放，不需要用户自己进行低效的选择、判断与纠错。

有些车型所提供的应用并不是直接来自于互联网企业，而是有汽车企业的参与。汽车企业参与的应用通常有三类。第一类是搭建一个平台型应用，集成多家应用的内容资源。例如一个在线音乐应用可以集成 QQ 音乐、网易云音乐等多个音乐应用中的歌曲资源，并整合在一个统一的列表中。第二类是用品牌基因去筛选内容。例如一个豪华汽车品牌可以在餐饮推荐的应用中给自己的车主打包推荐与品牌调性相符的高端餐厅。第三类是品牌自己创作或编辑内容。例如，蔚来汽车的 Nio Radio 网络电台定位为全球首家用户共创车联网声音社区。

汽车人机交互系统中的开放式功能是越多越好吗？这个问题在行业中尚无定论。用户为什么要操作汽车的中控屏来预定一张火车票，而不是直接在智能手机上完成呢？类似问题的产生是因为在中控屏上操作这些应用的便捷程度不会优于直接使用智能手机。但是，如果购买火车票的同时，停车类应用可以自动为用户预约火车站的停车位；如果在前往火车站的路上遇到严重拥堵，票务应用可以为用户提供改签建议，那么汽车人机交互系统相比智能手机的优势就体现出来了。由此可见，很多看似在车内多此一举的功能，不是它们真的没有用，只是当前的设计还没有将体验流程优化到位。

在一些标准化的评价流程中，如果我们无法充分地、定量地评判每一个独立的应用所提供的功能性如何，那么可以笼统地认为：功能与服务的种类越多越好；每种类型中的应用数量越多越好；品牌深度定制的应用比公版应用更好。

2. 内容资源丰富度

内容资源丰富度是考察汽车人机交互系统中开放式应用所提供的在线资源是否能够满足用户的常用需要。这些在线资源包括音乐、电影等纯数字内容资源，也包括餐厅、加油站等拥有真实地理位置的兴趣点。

在内容资源丰富度的考察过程中，通常不包括第三方非原生车载设备中的应用软件所包含的内容，例如苹果 CarPlay 投屏。在当前技术条件下，智能手机是几乎所有在线内容资源的入口。例如，几乎任何音乐歌曲都可以在 QQ 音乐或网易云音乐等主流在线音乐应用中找到；几乎任何餐厅、加油站等兴趣点也可以在高德地图或大众点评等主流导航或服务类应用中找到。如果将智能手机上的这些内容资源都考虑进去，那么所有车辆都可以拥有非常全面的内容资源，评测也就失去了意义。

在线音乐方面，2020 年在中国车载应用中市场占有率最高的是腾讯旗下的酷我音乐。酷我音乐是中国最早推出车载应用软件的在线音乐平台，目前与超过 60 家汽车品牌进行合作。此外，其他主流的车载音乐应用还有基于 QQ 音乐资源的腾讯爱趣听、网易云音乐旗下的 Look 直播等。这些在线音乐平台的资源不仅能够以独立应用软件的形式出现在汽车人机交互系统中，也可以只将内容资源提供给汽车企业进行整合，而弱化平台的品牌名称。

内容资源丰富度是动态变化的。例如，2017 年，上汽荣威 RX5 上市，搭载上汽集团与阿里巴巴联手打造的斑马智行人机交互系统，并内置了当时拥有丰富资源的虾米音乐。该系统后来也搭载于名爵 HS 等上汽集团的其他车型，如图 9.2 所示。然而，由于阿里巴巴在与腾讯、网易的音乐版权竞争中逐渐败下阵来，也使得斑马智行人机交互系统中的音乐资源大大减少。后来，斑马智行人机交互系统引入了隶属腾讯系的酷我音乐资源，才解决了在线音乐资源的问题。

图 9.2　名爵 HS（2018 年）搭载斑马智行人机交互系统

并提供虾米音乐（来源：上汽名爵）

9.2.3　场景智能

即使一套汽车人机交互系统拥有非常多的功能和非常丰富的内容资源，也并不代表它一定就会拥有良好的可用性。人机交互系统中的功能与内容还应当针对车内场景进行匹配与优化，实现更好的场景智能。

相比智能手机，场景智能对于汽车更为重要。驾驶员经常需要一边驾驶车辆一边操作人机交互系统，显著的驾驶分心将带来行车安全的隐患。这就要求智能功能既不能消耗太多的时间，也不能占用太多的精力。例如，在智能手机上，用户经常会花费几分钟的时间来浏览一家餐厅的菜单，然后进行选择和下单，但是在驾驶的场景中，用户即便只用数十秒钟来浏览菜单，都会产生严重的安全隐患。因此，餐饮服务的应用软件需要给用户推荐数量非常有限的几种菜品，才能够尽量减少驾驶分心。而这些菜品推荐想要做到足够精准，就需要依赖丰富的数据采集与强大的智能算法。

此外，在非用车场景下，智能手机用户的跨应用需求相对较少，而车内场景则会非常频繁地出现跨应用的需求。例如，用户在家中或在商场内，使用智能手机上的餐饮类应用软件时，通常主要会对比各家餐厅的菜品和其他用户的点评，而不会发起导航，所以并不需要跳转到其他应用软件。而在车内，用户在选定一家心仪的餐厅后，很有可能会开始导航。智能手机的餐饮类应用软件并没有导航的功能，因此必须要跳转到其他专门的导航软件，这使得体验流程不够连贯顺畅。在一些汽车的人机交互系统中，地图导航与餐饮查询会被集成在同一个应用中，不需要用户进行跨应用跳转，使体验流程更加连贯顺畅。

虽然汽车场景下的服务面临驾驶分心、跨应用切换等挑战，但汽车的智能场景设计也有自身的优势,那就是容易判断用户的意图。当用户在家中拿起智能手机并点亮屏幕的时候,他可能想用短视频应用来娱乐,可能想用微信与朋友联系,可能想查看明天的天气……手机很难判断用户的意图。然而在汽车的场景中,对用户的意图判断更加容易。当用户进入车内,很可能要设置导航目的地。当用户途中遇到拥堵时,很可能想听一些舒缓的音乐。当用户即将到达一座商场时,很可能希望了解这座商场中店铺的优惠信息。汽车人机交互系统通过整合各种数据,并进行计算和预测,就有可能为用户带来更加主动、更加无感、更加直觉化的交互体验过程。

1. 场景故事线的定义

用户计划出行、驾驶或乘坐汽车直至到达目的地所遇到的一系列情景以及所产生的一系列行为,组成了出行场景故事线。中国汽车用户最常见的出行目的有日常通勤、商场购物、市内休闲娱乐、近郊游玩、远途自驾等。在具体的出行场景中,用户会随着用车阶段和行驶路段、路况、天气等因素的变化而产生不同的需求。场景故事线一般可以包含以下几个用车阶段:规划、出发、驾驶、中途、停车、离车,如图9.3所示。有些故事线可能只包含以上全部完整过程中的3~5个阶段。

用车阶段	规划	出发	驾驶	中途	停车	离车
描述	提前了解天气、能耗、车况等信息	设置车辆空调、音乐、导航等	根据规划路线快速安全到达目的地	临时购买物品或接人	找到合适的车位停稳熄火	拿好物品安全离开并锁车

图9.3　出行场景故事线的6个阶段

接下来介绍1条典型的日常上班通勤场景故事线。主人公是小张,居住在城市,工作日驾驶一辆电动汽车上下班。

冬天某个周一的早上7点,小张从家中温暖的床上醒来。在计划阶段,他先打开手机,查看今天的天气和路况。周一的早高峰总是如约而至,小张一边估算出门的时间,一边快速洗漱穿衣。此时,车辆如果能主动推送前往公司的路况信息至用户手机,那么小张只需要轻点一下屏幕就可以了解信息,不需要找到并打开手机的导航应用软件,并输入地址。

在出发阶段,小张出门前往地下车库,在固定的停车位找到了自己的车并使用钥匙解锁上车。在车内坐好,放好电脑包和手机。车子在低温的车库过了一整晚,方向盘和皮质座椅都变得冰凉,小张先打开空调暖暖车辆,也好让一会儿要放在方向盘上的手灵活起来。此时，如果车辆能够支持远程启动空调调节温度，那么小张只需要在家中提前10min打开，上车时就可以有一个温暖舒适的用车环境了。在适应了车里的温度后，他向前探身打开车载导航软件输入公司地址，并选择了一条用时最短的导航路线。然后，小张打开车载音乐应用，找到自己最常听的歌单并播放。一切准备好后，他将挡位置于D位，环顾周围环境，驶出停车位。

在驾驶阶段，小张需要经过小区道路、城区道路、快速路。驶出小区时，他发现视线并不十分清晰，在小区大门的路边停了下来，打开车载天气应用，查看今天的空气质量指数，发现有雾霾黄色预警，便打开了车内空调的净化功能，而后驶入了城市主路。如果车辆能够在感知到外部空气质量不高的情况下，主动向车主提醒并询问是否打开空气净化功能，就不需要停车进行复杂的操作了。

在城区道路行驶了一会儿，道路开始出现早高峰拥堵，前方已经亮起了看不到尽头的红灯。小张想利用这个空当时间提前在公司楼下那家经常去的咖啡店点一下早餐，以便停好车后直接取餐。手机上点餐步骤繁琐，再加上时不时要注意前方车辆距离，小张多少有点焦躁。此时，车辆内如果装有餐饮应用，并根据用户订单历史展示几个推荐的餐品选项，用户只需简短扫视，利用车机语音交互选择第几个餐品并完成支付，就可以避免产生过多的视线偏移，不失去对环境信息的掌控。顺利点好餐后，路段也终于通畅了，伴着音乐，小张驶入了城区快速路。他非常熟悉这条道路，所以并没有时时关注导航信息。行驶了十多分钟后，来到了快速路出口，小张发现往常通畅的出口排起了长队，原来是前方有一辆车并线发生了剐蹭。他懊恼地想，早知道就在前一个路口出去了，多等两个红绿灯的时间也比堵在这里要快些。小张随即加快了车速，避免上班迟到。其实，车辆可以在前一个路口主动提醒小张，前方路况拥堵，提前离开快速路可以更快到达公司，减少等待时间。

经过三十多分钟的路程，小张终于到达公司停车场，进入停车阶段。此时，车辆电量只剩余30%了，他希望白天在公司充满电再开回家。小张开到了停车场的充电车位，发现这几个车位都已经被停满，无奈之下，他只能先临时停在其他车位，准备等到中午再来看看机会。如果车辆能够在低于一定电量时，主动询问充电需求并提供充电桩预约，小张就不必担心中午临时开会而影响挪车充电，避免用车的续驶焦虑。

将车停稳后，小张解开安全带，拿好电脑包及手机，并打开车门走出来，此时处于离车阶段。小张的手机响了起来，原来是同事询问他预订的会议室位置，他一边想着去咖啡店的路线，一边回忆会议室号码，顺便和同事聊了几句会议内容。小张走到咖啡店，挂了电话，才想起来自己似乎没有锁车，只得返回查看。如果能够通过手机端的应用查看并操作车辆的门锁，就不必再花时间回到停车场。

类似的场景故事线还可以设计很多，例如接送孩子上下学、周末与朋友聚会、全家到城郊出游等。在这些故事线中，我们主要不是去评价汽车单个的技术和功能，而是判断这些功能在场景故事线中是否能够与之前和之后的任务良好地衔接，并且能够提供更加高效、顺畅、无感的体验。

2. 操作步数与智能化程度

汽车人机交互系统智能化程度的判断标准可以有很多，例如用户完成一组任务的总时间、完成任务后的愉悦程度等。在当前技术条件下，操作步数是与智能化程度高度相关的指标。操作步数越少，智能化程度就越高。在人与人的沟通过程中，为了达到相同的沟通目标，我们或许不能说交流的内容越少就代表这个人越聪明，因为人与人沟通的过程中除了提高效率，常常还需要礼仪得体、抒发情感、相互共情。但是，由于汽车的智能化程度还远不如真人，我们不会对它提出这么高的要求，只要汽车能够在效率层面做到最优，就可以满足用户绝大多数情景的要求了。操作效率最直观的表现指标就是操作步数。因此，如果只能用一个客观的、定量的指标来描述汽车人机交互系统实现特定目标的智能化程度，则应该选择操作步数。

通过智能化手段优化操作步数有两种主要的形式。第一种是主动化推荐。例如，在就餐时间，如果地图可以主动弹出选择餐厅的入口，用户就可以直接点击进入并查找附近的餐厅，如图 9.4 所示。否则，用户还需要先进入查找兴趣点的目录，再选择餐厅，花费额外的两三个步骤。当然，系统如果能够按照用户通常的喜好，直接推荐一家具体的餐厅，就又可以省去用户在列表中查找的步骤了。不过这样的设计需要更高的智能化程度才能实现精准推荐，一旦推荐不准反而会给用户带来困扰。第二种是采用场景化的模块设计。例如，当用户希望在车内小憩的时候，通常需要关闭遮阳帘、控制车窗、设置闹钟、调整音乐和灯光等。在传统的交互逻辑树下，这些功能分布在不同的位置，而且有些功能的逻辑层级很深，用户需要进行繁琐的操作才能够完成。但是，如果将这些功能都整合到"小憩模式"的小组件或快速目录中，用户只需要开启这个模式，就可以非常便捷地操作所有这些功能了，显著降低了操作总步数，如图 9.5 所示。当然，如果系统能够自动判断出用户在某次停车后希望在车内休息，就可以自动进入小憩模式，进一步减少操作步数，

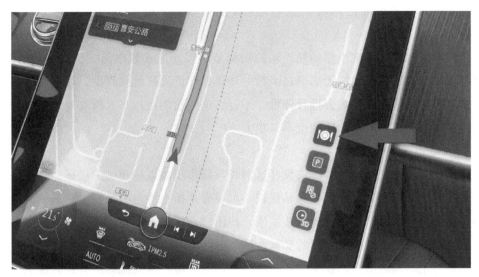

图 9.4 梅赛德斯-奔驰 S 级（2020 年）在就餐时间会弹出餐厅选择的入口

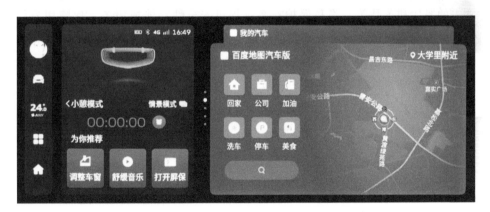

图 9.5 吉利星越 L（2021 年）的小憩模式小组件

提高智能化程度。

在上述两个案例中我们发现，在当前技术条件下，仅利用优秀的设计和简单的逻辑，就可以实现较好的场景智能。但如果要将场景智能推向极致，则依赖于更丰富的数据输入和更强大的智能算法。

在操作步数的统计过程中，如何定义"一步"也需要深入研究。我们可以将中控屏上的一次点击、实体按键的一次按压、语音控制的一个快速指令都视为一个操作步骤。但是，用手指在中控屏上进行精确的滑动（例如某些车型上将空调温度调高 5℃）要比一次点击更加困难，用语音说出一个具体的导航地址要比说出"确认"或"取消"这样的快速命令更加复杂。因此，对于较复杂的交互步骤，可以考虑给它们赋予一个大于 1 的系数，来校准这些步骤的实际操作负荷。

汽车人机交互系统中那些纯娱乐的功能是不需要追求效率的，例如视频游戏、语音闲聊，因此这些功能无法通过步数的计算来评价其智能化程度，通常只能用更加主观、非标准化的方式去进行评价。不过，这些功能在汽车人机交互系统中并非必需，即便存在，所占的比例也不是很大。

3. 场景智能的其他指标

除了主动化推荐与场景模块设计这两种与操作步数直接相关的指标，场景智能还需要考虑沉浸感、个性化和隐私保护。沉浸感是指在特定的场景中，系统所提供的功能或服务为用户全方位地营造氛围，使用户专注于当下的愉悦体验，例如大面积的氛围灯、屏幕上渲染氛围的动画、环绕立体声音响等。个性化是指在特定的场景中，对于不同的用户，在不同的时间、不同的环境，系统能提供有针对性的差异化功能或服务，例如根据用户的身材自动调整座椅位置、到达某个商圈时为用户推荐常去的餐厅和菜品等。隐私保护指系统提供安全性功能或服务，保障用户的隐私。这一方面包括遵守我国数据安全法规，例如确保不能将行车记录仪的图像直接发送至车外（云端或用户手机），另一方面也包括给用户提供的主观隐私安全感，例如可以用物理盖板将车内摄像头遮蔽。

第10章

价值

10.1　文化与价值

不同的人群对于同一类产品的需求可能是不同的。这一现象对于智能化时代之前的汽车产品或许并不明显。任何用户都需要空间大、加速快、噪声小、减振好的汽车，这些性能的水平与车辆的售价正相关。然而，在进入智能化时代之后，汽车的体验可以实现更加显著的不同，人们对于汽车产品需求的差异化进一步凸显。有些用户喜爱更大的屏幕与更少的实体按键，有些用户则希望保留尽可能多的实体按键；有些用户喜爱酷炫的动效与灯光，有些用户则希望屏幕界面简单明了……这些差异与价格无关，甚至与使用场景的关系也不大，它们几乎就是纯粹的个人主观偏好。汽车行业对于用户的纯主观偏好并没有太多的研究经验，我们需要探寻更加全面、系统、前瞻的研究方法。

10.1.1　文化对汽车体验设计的影响

对于用户偏好差异的研究，汽车行业通常会采取用户调研的方法，从用户口中得到直接的反馈。然而，用户调研有它的局限性，使得在研究用户主观偏好的时候效果并不完美。首先，用户调研偏向于获得用户的表层观点，而非深层阐释。例如，用户可以回答是否需要在车内与亲友唱卡拉 OK，但却未必能够很好地说出卡拉 OK 到底为何比看电影更加适合与亲友一起娱乐。第二，用户只能表达自己当前的想法，却无法预判自己未来的想法。这一方面是因为用户本身没有必要、没有义务对未来有足够的想象力，另一方面用户未来的选择还可能被一些其他因素所左右。例如，在 2017 年 iPhone X 推出之前，用户不会表达愿意喜爱"刘海屏"的设计，而这种设计后来在市场上十分常见。第三，用户的观点是离散的、缺乏系统框架的。我们可以用统计学的方法分析用户群体选择的趋势，但原因的解释常常需要依靠研究者的主观经验。

那么，我们要用什么方法去研究用户对汽车智能体验的主观偏好？既然是偏好，是人与人之间的差异，我们就应该将研究的起点选为人与人差异的根源：文化。荷兰社会学家霍夫斯泰德（Geert Hofstede）指出，文化是集体的、让不同群体间相互区分的心理程序（software of the mind）。

人们心理程序的独特性分为三个层次，分别是人性、文化、人格，如图 10.1 所示。

图 10.1　人类心理程序独特性的三个层次

人性是人类共有的，它遗传自我们的基因。所有人类都认同：快乐比悲伤更好；健康比疾病更好；充裕比匮乏更好；自由比压迫更好；博学比无知更好……所有人都喜欢听故事、神话与格言；所有孩子都对未知与陌生感到恐惧；所有成人都更愿意相信自己所在群体的成员，而非群体之外的人。此外，康德（Immanuel Kant）还认为，虽然人与人之间智力上的差异无法被抹去，但在人们的精神世界中，却有着普遍的、共同的东西，就是审美。对美的追求也是人类的共性。

文化会影响人们所有的思想、感觉和行为，不仅包括提炼思想的活动，也包括普通的琐事，例如问候、吃东西、表达情感等。文化是一种集体现象，因为它至少部分被现在或过去生活在相同社会环境中的人们所共享，而这种环境正是人们习得文化的地方。霍夫斯泰德认为，文化是后天习得的，而非与生俱来。它源于个体所处的社会环境，而不是个体的基因。

个体的人格是特有的一套心理程序，并不与其他任何个体共享。它一部分是通过个体内部的独特基因组合遗传下来，另一部分通过后天的习得而来。

在研究用户对汽车智能体验主观的、差异化的偏好时，文化是最重要的起点。相比之下，人性是所有人共有的，并不直接导致用户的差异化需求。人格虽然是有差异的，但它是个体特有的，是千差万别的。我们在定义消费产品时，很难针对每一个人分别进行研究。而且，在我们基于文化对某一特定群体的共性进行深入剖析之前，如果先去分析每一个群体成员的个性，不仅没有必要，还会失去对共性规律的归纳和预测能力。

10.1.2　价值观是文化的核心

当我们谈论文化时，我们到底在谈论什么？集体主义是一种中国文化，喝茶也是一种中国文化。集思广益是一种工作中的文化，节约用纸也是一种工作中的文化。很明显，这些案例中的关键词并不在一个层次上。其实，文化可以分为 4 个层次，分别是符号、英雄、仪式和价值观，如图 10.2 所示。符号代表着最外面的表层，价值观是文化最深层的表现，英雄和仪式介于两者之间。

图 10.2　不同深度层次的文化表现

（来源：Hofstede Insights）

符号是指那些带有特定含义的文字、手势、图片或物体。通常只有那些属于同一文化的人才会分享其中的含义。语言或行话中的词汇属于符号，还有服饰、发型、旗帜和地位象征也属于符号。很多符号是不稳定的，例如语言中的流行词汇。新的符号很容易产生，旧的符号也在消失。

英雄是一些人。不管他们是在世的还是故去的，是真实的还是虚构的，他们都拥有在文化中被高度赞扬的特征，因而成为人们行为的楷模。美国的蝙蝠侠、富兰克林和中国的孙悟空、鲁迅，都被视为文化中的英雄。英雄相比符号更加稳定。一个拥有持续活力的英雄人物有可能不断地创造或衍生出新的文化符号。

仪式是一些集体活动。从技术角度看，这些活动对于达到现期目的显得有点多余，但是从文化的角度来看，仪式是这个社会必不可少的。仪式的存在有其道理。例如问候他人的方式、向他人表示尊重的方式、社会和宗教庆典，以及增强团队凝聚力的会议。

在图 10.2 中，符号、英雄和仪式被纳入实践活动，因为它们对外部观察者是可见的。然而，它们的文化含义则是看不见的，只能由文化内的成员通过这些实践活动来诠释。

文化的核心是由价值观构成的。价值观是一种广义的倾向性，表现为更喜欢事物的某种状态而非其他状态。价值观是带有指向性的情感，包括正面和负面。它处理的内容包括邪恶与善良、危险与安全、禁止与允许、不雅与体面、不道德与道德、不自然与自然、异常与正常、矛盾与逻辑、无理与合理等。

任何一个与文化相关的现象，必然包括实践活动的表层与无法直接看到的价值观内核。例如，我们在新年期间给亲戚赠送一箱牛奶，价值观内核是集体主义中的加强亲友关系，仪式是礼尚往来的形式，为什么选择牛奶可能是受到了代言人（即英雄）的影响，而红色的包装则是新年喜庆的符号。但是，符号、英雄和仪式这三层实践活动并不一定在每个具体的文化现象中同时出现。仪式通常只与动态的过程相关，而不涉及静止的状态，例如对称的建筑布局就与仪式没有太强的关系。英雄在文化中起到重要的作用，他们往往可以推动文化符号的突变，但他们却不是每个文化现象的必需，尤其是对于那些比较稳定的文化现象，例如我们新年选择红色的衣服时并不需要先去联想哪位古代的名人。

10.1.3 霍夫斯泰德 6D 文化模型

价值观是文化的内核。价值观的研究方法众多，其中非常著名的一种方法是霍夫斯泰德 6D 文化模型。荷兰社会学家霍夫斯泰德（Geert Hofstede）是荷兰马斯特里赫特大学教授，早年曾在 IBM 从事研究工作。他于 1980 年首次提出了文化研究的理论，经过不断发展，形成了今天我们所使用的霍夫斯泰德 6D 文化模型。霍夫斯泰德的文化研究成果每年被学术界引用约 13000 次，至今总被引数超过 22 万次，使他成为全欧洲被引次数最多的社会科学学者。

霍夫斯泰德 6D 文化模型可以将任何一个国家的文化特征抽象地表现为 6 个维度的分数。霍夫斯泰德让文化这个曾经非常定性的研究领域变得定量化，很容易被理解、应用和比较，大大降低了文化研究在社会学领域的门槛。这一理论在很多领域都有应用，例如人力资源管理、国际贸易、体验设计等。

霍夫斯泰德 6D 文化模型中的 6 个维度分别是：

- 权力距离（power distance）
- 个人主义与集体主义（individualism vs. collectivism）
- 阳刚气质与阴柔气质（masculinity vs. femininity）

- 不确定性规避（uncertainty avoidance）
- 长期导向与短期导向（long/short term orientation）
- 放纵与克制（indulgence vs. restraint）

每个维度的分数都是 0~100 之间的一个整数，这些数字通过定量调研并计算得出。霍夫斯泰德 6D 文化模型的分数覆盖了全世界超过 70 个国家和地区。具体数字可以在 Hofstede Insights 的官方网站查询（https：//www.hofstede-insights.com/）。需要指出的是，任何维度无论分数高低，都没有好坏之分，都只是不同文化价值观差异的相对值。

权力距离是一个组织中弱势成员对权力分配不平等这一现象的接纳程度。权力距离体现了人们对不平等的态度。权力距离高的文化倾向于：认为等级是有必要的、认可权力带来的特权、遵从上级的指令、赞同中心化的决策。而权力距离低的文化则倾向于：认为等级只是为了流程便利、不认可任何人的特权、有更强的主动性、支持去中心化的决策。

个人主义社会指的是人与人之间联系松散的社会：每个人都应该照顾自己或核心家庭。与此相反，集体主义社会中的人们融入强大而团结的内群体当中，这个群体为人们提供保护以换取人们的忠诚。在研究社会文化时，个人主义与集体主义有显著的负相关关系，因而可以被视为一个维度。个人主义与集体主义体现了人们对他人的依赖程度。个人主义的文化倾向于：先做事情再考虑关系、忠于自己的小家庭、明确地沟通、向往自由、对错误感到内疚。而集体主义的文化倾向于：先考虑关系再做事情、忠于自己的大集体、含蓄地沟通、向往融洽、对错误感到羞耻。个人主义文化的国家多数会偏向于低权力距离，但也有例外，例如法国和比利时就是权力距离较高的个人主义国家。

阳刚气质的主导价值是竞争与成功。而阴柔气质的主导价值是人际合作关系与生活环境。阳刚气质与阴柔气质体现了人们做事动机的来源。这个维度不太直观，不易理解，但依然非常重要。阳刚气质的文化倾向于：认为生活为了工作、崇尚成功、表达压倒性的观点、拥有远大抱负、结果导向。而阴柔气质的文化倾向于：认为工作为了生活、对不幸抱有同情、与他人达成共识、期待生活品质、过程导向。需要强调的是，阳刚与阴柔虽然在字面上与性别相关，但它表现的价值观倾向却与性别关系不大，更不能将它们与男权主义、女权主义画等号。例如，一位擅长于协调多方利益、做到工作与生活平衡的男性是符合阴柔气质的，但这绝不代表他是一个"女性化"的男人。此外，阳刚气质与高权力距离有时会被混淆，但它们是有显著区别的。高权力距离是弱者接受与强者之间的差距，而阳刚气质是人们渴望成为强者。权力距离中人与人之间的差距常常是固有的、难以被消减的，而阳刚气质中人与人之间的差距则能够通过个人的努力来缩小。

不确定性规避是人们在面对不确定和未知情况时感受到威胁的程度。这个维度体现了人们如何处理未知。高不确定性规避的文化倾向于：选择传统的事物、惧怕变革、被迫进行创新、需要权威专家、自驱地努力工作、更多使用演绎的逻辑。而低不确定性规避的文化倾向于：选择新潮的事物、接受变革、自然地进行创新、不一定需要权威专家、在需要时努力工作、更多使用归纳的逻辑。当今社会正在快速变革，涉及经济、政治、就业、消费等诸多领域。人们不断制造新的产品，也在不断消费新的产品。这使得不确定性规避这一维度变得更为重要。需要注意的是，低不确定性规避并非意味着人们喜爱不确定性。事实上，所有人对于不确定性都有恐惧和抵触，只不过在面对潜在的收益时，有些人更愿意承担较高的不确定性。例如，没有人希望手机软件出现故障，但一些人为了尽早尝试新功能，会选择在新版软件尚未稳定时进行更新。此外，不确定性与风险也有所不同。经济学中的风险通常可以使用统计学进行计算，而不确定性则是不可测量的。英国经济学家凯恩斯（John Maynard Keynes）指出关于不确定性的问题"没有科学依据，也无从得到任何可计算的概率，我们就是不知道而已"。

长期导向意味着培育和鼓励以追求未来回报为导向的品德，尤其是坚持不懈和节俭。短期导向意味着培养和鼓励追求过去和当前的品德。长期导向与短期导向体现了人们对时间的态度。长期导向的文化倾向于：为未来而工作、拥有坚毅的品质、相信道理的灵活与多样，即"具体问题具体分析"、强调义务。而短期导向的文化倾向于：为当下而工作、期待快速的成果、相信绝对的真理、强调权利。

放纵代表允许相对自由地满足与享受生活和娱乐有关的人类基本和自然欲望的倾向。克制则代表应以严格的社会规范限制和调节这些满足欲望之举。放纵一词在中文语境下有贬义的倾向，但在这里它与其他所有维度一样，都完全是中性的。放纵与克制体现了人们如何对待天性中的欲望。放纵的文化倾向于：拥有较少的道德规范、认为休闲很重要、自发地表达情感、认为结果更重要。而克制的文化倾向于：拥有较多的道德规范、认为责任很重要、抑制情感的表达、认为努力更重要。

在所有6个维度中，前4个维度在霍夫斯泰德的著作《文化与组织：心理软件的力量》第1版中就出现了，而长期导向与短期导向、放纵与克制则分别是在第2版和第3版中加入的。因此，前4个维度可以被视为最原始、最基础的维度，它们已经具备了较强的全面性，并且有很好的独立性。后2个维度可以被视为一种补充，它们进一步提高了霍夫斯泰德模型的全面性，但同时这2个新的维度与之前的一些维度存在一定相关性，而非完全独立。例如，个人主义文化更倾向于放纵，集体主义文化更倾向于克制。因此，有些学者在使用霍夫斯泰德模型时依然只选择前4个或前5个维度。例如，Huib Wursten 的文化集群（Cluster）理论通过对霍夫斯泰德前4个文化维度的排列组合，将全世界的国家归为7大类。

霍夫斯泰德6D文化模型未必是最全面、最深入的文化研究理论，但对于非社会科学领域的研究者来说，它是最容易使用的，因为它非常体系化、定量化，可以将复杂的文化现象抽象成标准化的几个数值。在使用霍夫斯泰德模型时，需要注意两点。第一，这些文化维度最重要的目的是为我们提供完整的视角，引导我们去分析和思考，而分数本身是对于每个视角下分析结果的简化与抽象。研究者不应该只专注于分数本身的比较，而忽略它背后的具体价值观与实践活动。第二，文化虽然重要，但它也只是社会发展过程中的一个影响因素，它不能取代经济、政治、科技等其他因素的影响。

10.2　智能汽车用户的典型价值

相比欧美等市场的用户，中国汽车用户对汽车体验设计，尤其是人机交互设计有许多不同的需求。这些需求的产生大多可以追溯到中国文化的价值观内核。图10.3展示了中国、德国、日本、美国四个国家在霍夫斯泰德6D文化模型中的分数，可以看出中国在多数维度上都与其他三个国家有着显著的差异，而这些差异正是导致中国用户需求差异的核心原因。

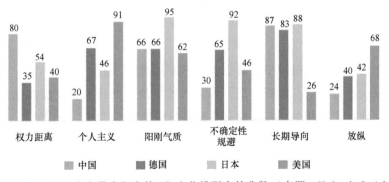

图10.3　不同国家在霍夫斯泰德6D文化模型中的分数 （来源：Hofstede Insights）

霍夫斯泰德模型中的 6 个维度十分抽象，并不能直接指导和评判体验设计。我们需要将这些维度朝着较为具象的方向进行分析和整理，得到中国汽车用户的典型"价值"。这些价值体现了汽车用户在购买及使用汽车的过程中希望得到的主观感受的倾向。虽然这些价值没有霍夫斯泰德模型中的 6 个维度那么抽象，但它们依然属于图 10.2 中文化表现的最内层，即价值观层次。而这些价值在具体产品上的表现手法则主要涉及仪式和符号这两个实践活动的层次。

中国汽车用户的价值是丰富多样的。这里主要介绍其中最典型的三种：陪伴、荣耀、惊喜。之所以选择这三种价值，主要有两点原因。第一，中国用户对这些价值的追求程度强于世界其他主要市场的用户，而背后的原因正是中国文化在霍夫斯泰德文化模型中的独特性。第二，这些价值与汽车的产品体验，尤其是汽车人机交互的体验相关性较强，容易在汽车产品上实现，并形成产品的差异化竞争优势。此外，安心可靠作为全世界智能汽车发展都需要重视的一种价值，也将在本章进行详细讨论。

10.2.1 陪伴

陪伴的价值在汽车人机交互中的主要体现为能够让用户与其他人或者类人的形象进行交互。陪伴这一价值主要来自于中国较高的集体主义文化，也可以说是较低的个人主义文化。

中国人更愿意生活在一些大的集体之中，并与集体的成员进行频繁的互动。我们可以看到许多中国人与小家庭之外的亲戚有着非常密切的往来，广场舞等集体娱乐活动非常普及，甚至那些表达英雄主义的商业电影的主角常常也是一个小集体，例如《流浪地球》和《红海行动》，这与典型的好莱坞超级英雄电影完全不同。对于当代中国年轻用户而言，陪伴感依然非常重要，但它正在变得更加复杂。他们要的不再是扑面而来的全方位的陪伴，而希望拥有适时适度的陪伴，让自己轻松自在。并且，年轻用户自我认同的群体也从家族关系朝着兴趣圈层转移。

在汽车的基础使用过程中，其实基本不涉及陪伴。无论是驾驶汽车，还是使用人机交互系统进行导航、收听音乐，都是驾驶员独自的任务，无需其他人的参与，也并不需要通过拟人化的手段来使某些信息的传递更加清晰。所以陪伴对于汽车的体验并非必需，而是锦上添花。但是，陪伴价值的重要程度是不容忽视的，一些可以给用户提供陪伴价值的汽车产品在中国市场上取得了瞩目的成功，并成为热点的研究案例。

陪伴价值最常用的表现手法是类人形（或动物）的语音助手形象。相比其他交互模态，汽车人机交互的语音控制更加适合拥有一个形象。首先，语音控制的交互流程更像是人与人之间的对话，在此过程中出现一个交互的形象会让用户感到很自然。而触屏和按键的交互流程是逐级指令，和人与人之间的对话存在一定差异。此外，语音控制本身没有可以看见的界面，用户不易感知系统所处的交互状态，而语音助手形象则可以展示交互状态，例如聆听、处理、讲话等。

语音助手的形象可以分为类人形（或动物）与抽象形两种。类人形的语音助手会呈现出人或动物的面部，用来表现神态、口型等，有些还会有身体和四肢，用来展现肢体语言和个性化的装扮。当前很多主流的中国本土品牌汽车都采用了类人形的语音助手。其实，类人形或动物形的形象在很多领域都被中国公司广泛使用。例如天猫商城有一只猫的形象，京东有一只狗的形象，而国际主流的购物网站 eBay 和 Amazon 则没有类似的形象。抽象形的语音助手通常是动态的几何图形或者波浪，用于显示交互的状态。典型的抽象形助手是苹果的 Siri，而很多欧美汽车品牌也使用抽象形的语音助手，如图 10.4 所示。类似于人或动物的形象更像是一个家人、一个伙伴、一个宠物在和用户交流，能够产生更强的陪伴感受。相反，抽象的语音助手形象更多地表现交互状态，不容易让用户感到陪伴的感受。

图 10.4 苹果 Siri 和梅赛德斯-奔驰 S 级（2021 年）的语音助手形象

类人形（或动物）的语音助手还能够再进行分类。从形象的拟真程度上，可以分为简笔画风格（图 10.5 中的理想 One）、卡通风格（图 10.5 中的小鹏 P7）、完全仿真等风格。理论上来讲，拟真程度越高的形象可以带来越强的陪伴感，但也要注意避免出现"恐怖谷"效应。从形象的完整程度上，可以分为以眼睛为主（图 10.5 中的理想 One）、以眼睛和嘴巴为主、完整的头部、包括四肢的完整身体（图 10.5 中的小鹏 P7）等。越完整的形象看起来越像一个真人，但语音助手最容易传递丰富情感的还是眼睛，复杂的口型和肢体语言反而有可能会分散用户的注意力。从呈现形式上，语音形象可以分为屏幕内显示、专门的小型机器人（图 10.5 中的蔚来 ET7）、悬浮在空中的投影等。小型机器人非常容易吸引用户的眼球，成为产品非常突出的卖点，但由于硬件的限制，它的创新空间相对有限。而屏幕内显示或空中投影的形象则可以在动态表情、配饰等方面进行更多创新。例如，AMMI 团队为大众汽车"众:UX"概念座舱设计的 Vicky 形象可以出现在屏幕上或悬浮在仪表台上方，并拥有近 30 种不同的表情和配饰，如图 10.6 所示。

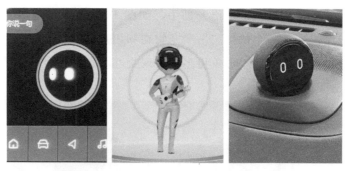

图 10.5　理想 One、小鹏 P7、蔚来 ET7 的语音助手形象（2021 年）

图 10.6　大众汽车"众：UX"概念座舱（2021 年）的语音助手有多种多样的
表情和配饰［来源：大众汽车集团（中国）］

语音助手除了类人的形象之外，还可以与用户进行趣味性的互动，例如闲聊、讲笑话、猜谜语等。这些功能可以让用户更好地感受到真人一般的陪伴。这些功能当前的使用频率相对较低，一方面是因为很多用户不习惯与机器进行闲聊，另一方面是语音助手的对话能力不如真人自然。随着用户习惯的培养和技术的进步，这类功能的重要程度会逐步提高。

　　除了与语音助手进行互动，陪伴的另一个重要方向是让用户与其他的真人进行互动。例如，人机交互系统如果支持微信等主流的社交软件，不仅可以实现与好友的对话，还可以将目的地、当前位置，行车路线等与驾驶相关的信息分享给好友。驾驶分心是车内社交软件普及的限制条件。目前，无论是车载微信还是苹果CarPlay中的短信，都只能用语音来输入和输出对话内容。这虽然大大减少了视觉分心，但也让对话的效率明显降低，导致一些用户不愿使用这些软件。

　　电话也是实现车内用户与他人联系的方法。这种方法非常简单、直接，但很多汽车人机交互系统都忽视了它的重要性。在首页或快捷菜单中加入可以一键呼叫自定义联系人，会让那些习惯电话社交的用户感受到与亲友的联系触手可及。

　　车内乘员之间的互动同样重要。很多车型拥有越来越多的屏幕，而这些屏幕不仅是让驾驶员使用，有些也针对前排和后排乘客。每位乘员的屏幕一方面可以让用户享有个人的单独视听娱乐，另一方面还应该成为车内成员之间互动的工具，提升任务效率，拉近彼此情感。例如，前排乘客可以在副驾屏上浏览餐厅的信息并进行选择，然后将选定的地址发送至导航系统，引导驾驶员驾车前往，如图10.7所示。这样不仅避免了驾驶员自己查找餐厅所导致的驾驶分心，也增加了乘员之间的互动。多屏之间的乘员互动不仅要求产品设计者充分研究及定义各种场景，同时对人机交互系统的硬件架构也有较高的要求。

图 10.7　吉利星越 L（2021 年）可以将副驾屏搜索到的目的地发送到中控导航

10.2.2　荣耀

在汽车人机交互中，荣耀的价值主要体现为利用夺目的设计来增强用户的自信心、自豪感，以及提升他人的尊重与认同。荣耀这一价值主要来自于中国较高的阳刚气质文化和较高的权力距离文化。前者决定了人们拥有追求荣耀的动力，而后者则解释了产品为什么会有足够的多样性来体现荣耀。

关于阳刚气质，中国人普遍认同，每个人都应当拥有梦想，不懈努力，战胜对手，获得更高的成就。成功的企业家和创业者会成为人们的偶像。对于成就的追求自然会导致人们乐于将成就展现出来。

了解荣耀在汽车用户体验中的表现还需要研究权力距离文化。在一个组织内，领导除了要管理团队，往往还会拥有较高的权威，并享有更多的资源，例如更大的办公面积。所以，在产品和服务的设计中，会出现丰富多样的差异化来体现出级别或档次的不同。例如，德国研究者 Martin Karaffa 发现在权力距离较高的国家，豪华汽车品牌的市场占有率较高。以奔驰、宝马等为代表的豪华汽车品牌与手表、箱包等奢侈品在消费特性上并不完全相同。豪华汽车较高的价格通常会包含更优的功能性与可用性，例如更强的动力、更多的舒适配置等。而奢侈品在功能性与可用性方面与普通商品的差别不大。

这里将汽车作为一种消费品进行研究时，我们发现阳刚气质与权力距离所导致的用户偏好确实有着较强的关联性，但这并不意味着这两个维度本身是相似的。在企业管理、商务沟通等其他文化模型所应用的领域，这两个维度都有着非常显著的差异，而在消费品领域体现的相似性只是一个特例。

荣耀是一种主观的感受，它本身并不包含任何功能性与可用性。但是，一个具体的产品设计在体现荣耀价值的同时，常常也会包含功能性或可用性。例如，更大的车内屏幕带来的视觉冲击属于荣耀，而它所能够显示更多的信息则属于功能性。对这些设计进行分析时，需要将荣耀的属性剥离出来讨论。

荣耀对于很多中国用户选购汽车产品是至关重要的，甚至可能成为是否购买某款车型的决定性因素。较大的车身尺寸非常受欢迎，即便一些车主的后排几乎从来不坐人；更大尺寸的轮毂非常受欢迎，即便它会增加日常道路的颠簸；全景天窗非常受欢迎，即便车主并不喜欢晒太阳。这些特性与装备没有提升实际的功能性与可用性，甚至对其有所牺牲，但它们都是容易被其他人看到的，都是容易进行炫耀的。相反，一些提升用户个人体验的设计在德国市场较为普及，在中国却不受重视，例如座椅通风及加热、内饰皮革的定制化缝线工艺等。

对于汽车人机交互，荣耀可以体现为拥有感官冲击力的硬件设备，其中最常见的就是车内更多、更大的屏幕。更多、更大的屏幕对可用性的提升存在争议。它虽然可以显示更多的信息、减少操作的步骤，但往往也会增加认知的负荷、提高手指触及屏幕的难度。而且，当车内屏幕面积成倍增加后，到底能够显示什么信息？有没有必要显示这么多信息？这些问题对于汽车人机交互设计还处在初步探索期，远未形成共识。因此，一些车型在屏幕的尺寸和数量方面保持克制，只使用2块不超过12.3in的中控屏和仪表屏。甚至有些车还会使用只有5in左右的仪表屏，比当前主流的小尺寸智能手机的屏幕还要更小。

然而，从荣耀价值的角度来看，更多、更大的屏幕拥有非常确定的优势。屏幕是汽车人机交互系统的核心输入、输出硬件，自然也就成为座舱科技感的重要象征。大多数中国用户都认同：屏幕越大、屏幕越多，科技感就越强，车辆就越先进、越值钱。这种印象是主观的，与人机交互系统真实的性能及可用性没有必然的联系。这种印象也是非常重要的，毕竟很多消费者在选购汽车时只会花费短短的几十秒或者几分钟来体验人机交互系统中的几个功能，而这样的体验一定是主观的、笼统的、片面的。所以，更多、更大的屏幕很有可能继续成为车内人机交互发展的重要趋势，不是因为用户真的需要在屏幕里看到这么多的信息，而是因为用户喜爱屏幕本身所营造的氛围和感受，例如图10.8中的智己L7。

图10.8 智己L7（2022年）拥有可升降的仪表及中控屏、
副驾屏，以及下控屏（来源：智己汽车）

除了屏幕之外，其他一些人机交互硬件也有感官冲击力，可以让用户感到荣耀，例如大面积的动态氛围灯光、精美的可升降音响、具有水晶质感的按键和旋钮、线条硬朗的非圆形方向盘等。

汽车人机交互中的荣耀还可以体现为对用户的表现进行打分和排名。打分与排名在国内主流的手机应用软件中非常普遍，例如微信运动的步数排行榜、微博的热搜榜、高德地图导航结束后的行程总结、各种游戏的奖励与排行等。汽车人机交互中可以提供驾驶表现的打分与排名，如图 10.9 所示，但这种设计相对还比较初级。汽车企业可以利用打分与排名来强化自己的品牌属性，例如通过对能耗或碳减排的打分来强化自己的环保属性，通过对偏远目的地数量的排名来强调电动汽车的续航无忧，通过纵向与横向加速度的统计来体现车辆的操控性能。这些打分与排名应当拥有专门的界面设计，更好地渲染与主题相关的氛围，同时还应该能够分享给朋友，进一步强调用户在社交环境中的荣耀感。

图 10.9　吉利星越 L（2021 年）的驾驶评分界面

10.2.3　惊喜

在汽车人机交互中，惊喜的价值主要体现为利用独特的或不断更新的设计来满足人们寻求新鲜感的愿望。惊喜这一价值主要来自于中国较低的不确定性规避文化，即更加愿意接受不确定性。

中国人普遍愿意接受不确定性。在职业发展中，很多年轻人希望创办或加入创业团队。在消费领域，人们乐于去尝试新的手机品牌、新的汽车品牌、新的科技产品。在欧洲，很多家庭常年只选择同一个汽车品牌，甚至只选择不断换代的同一个车型系列。而在中国，很多人愿意拥有尽可能多的汽车品牌。他们更换品牌的原因不是因为之前所购买的产品哪里不好，而只是想去尝试另外一个品牌。此外，根据 Worldpay 的相关报告，2016 年，中国用户在使用电子商务时超过 50% 的支付方式为电子钱包，而欧美的电子钱包比例只有约 20%，占主导的是传统的信用卡等方式。无论是职业还是消费，新的选择都会带来潜在的不确定性，但是它们背后所拥有的新的机会、新的体验却更容易吸引人们，让人们愿意为它们牺牲确定性。新的不一定是更好的，新本身就是一种惊喜，而更好的体验是另一种惊喜。例如，绝大多数椅子是四条腿的，那么两条腿的设计就可以从惊喜的角度刺激一些人的购买，这与它坐上去是否更加舒适无关。

中国用户较低的不确定性文化也给新势力汽车品牌创造了很好的机遇。2021年中国 A 级及以上电动汽车市场中，销量排在前 10 名的品牌有 6 个都是新品牌，它们在中国汽车市场上出现的时间不足 10 年。这些品牌的产品在上市之初不仅可能会出现一些软件故障，甚至有些功能暂未开通，但是它们所带来的新理念、新产品、新服务、新体验还是吸引了大量用户的购买，从而支撑了这些新品牌的发展。

在汽车人机交互中，惊喜的价值鼓励产品更加积极地创新。这些创新既可以是冒着一定失败的风险去探索更好的交互，也可以是改变表面的形式单纯去创造新鲜感。

汽车人机交互系统 OTA 在线升级近年来逐步普及。它不仅可以远程修复系统故障，还可以优化系统的逻辑架构、增加新的功能，是给用户带来惊喜的重要方式。例如，特斯拉 Model 3 升级 v11 版本系统之后，页面下方的快捷图标排列和色彩发生了显著的变化，同时也支持车内 KTV、车外灯光秀等新的功能。OTA 在线升级对汽车的系统架构有较高的要求，不仅需要相关的软件和固件能够在统一协调下进行升级，还需要保证升级过程有几乎 100% 的成功率。另外，OTA 在线升级对汽车的商业模式也带来新的机遇和挑战。传统交易模式下，消费者一次性支付费用并一次性获得全部的功能。而在新模式下，消费者支付的费用不仅是为了当前交付的功能，还包括了对未来的、尚不可见的功能的预期。此外，有一部分由 OTA 在线升级实现的新功能，也可以向用户额外收取费用。

在特定时间或特定场景下出现的欢迎与问候也可以给用户带来惊喜。例如在新年、圣诞节、车主生日等时间为用户播放专门的庆祝视频（图 10.10），或者

图 10.10 宝马在中控屏内播放庆祝圣诞节的视频（2020 年）（来源：BMW Group）

再结合车辆位置、天气情况等其他因素，实现更加精准的触发。这类欢迎与问候的内容可以提前存储在车辆系统中，并在特定的时间或场景进行触发，因此并不一定要依赖频繁的 OTA 在线升级。欢迎与问候的内容通常并不产生实际的功能性，而只是一些有趣的设计。同时，这些内容不应该是广告或其他让用户感到滋扰的内容。

10.2.4　安心可靠

安心可靠不仅是中国用户所需要的，同时也是全世界智能汽车发展都需要重视的一种价值。

智能汽车用户所需的价值常常是有差异的，是由文化所决定的。同时，全世界用户所需的价值也有一些普遍的特征。这些普遍特征是由图 10.1 所示人类心理程序结构中人性层面所决定的，而不是文化层面。理论上，这些普遍的价值是非常丰富的，但由于它们被全世界所有用户共有，所以大多数是显而易见的、无需深入解释的。例如，在执行非娱乐化任务的时候，所有用户都会追求更高的效率，操作步数一定是越少越好。在录入个人信息的时候，所有用户都会追求更好的隐私保护，存储与通信的技术一定是越安全越好。对于更高效率、信息安全这类普遍的价值，不同的人群或许在追求的程度上有所差异，但这些差异是有限的，所以它们在研究中的重要性通常不及那些由文化不同所导致的价值差异。但是，随着汽车人机交互的日新月异，用户的认知和习惯常常跟不上技术的发展，有些普遍的价值和规律需要被深入研究。

避免事物发展的不确定性是人类共同的取向。在讨论不确定性规避文化维度的时候，我们提到，所有人对于不确定性都有恐惧和抵触，只不过在面对潜在的收益时，有些人更愿意承担较多的不确定性。可预期、可掌控的设计可以消除不确定性，给用户带来安心可靠的感受。这种安心可靠并不是系统本身的稳定性与可靠性，而是系统给用户传递的主观感受。例如，一个电冰箱的门上如果没有外露的门把手，那么即使没有任何标识，用户也认为门把手应该隐藏在门的边缘。而如果门的开关是一个像垃圾桶一样的脚踏板，用户就会觉得超出了自己的预期，主观地认为它不方便。此外，很多手机应用软件中在线内容加载时都会显示进度条。这个进度条并不会提升内容加载的速度，甚至它的显示可能只是一种假象（完全断网时也可以加载至99%），但它可以让用户感受到软件正在正常工作，并且工作的进度看起来似乎是可预期、可掌控的。

安心可靠的价值对汽车人机交互正在变得越来越重要。随着技术的快速发展，有越来越多的新功能、新交互模态出现，很多用户对此没有使用经验，也就难以建立预期。因此，汽车人机交互的设计不仅要实现功能，并且做到理论上的高效，还要去引导用户建立预期，并且让用户感受到系统在自己的掌控之中。

主要界面中更大的元素以及更少的内容组块可以传达安心可靠的价值。这样的设计不仅提升了元素的可见性以及内容被寻找的速度，更重要的是让用户不会感受到自己掉入了无穷的信息海洋，产生主观上的焦虑和抵触。大元素的设计不仅可以简单地将现有页面中的元素放大，还可以形成一种新的设计风格。这种设计除了拥有巨大的元素尺寸，通常还会拥有明亮的色彩、显著的元素色差、整齐的组块排列等。Windows 8.1 操作系统的智能手机和谷歌的 Android Automotive 车载操作系统是这类设计的典型代表，如图 10.11 所示。不过由于种种原因，这两种操作系统在市场中的普及程度都不高。

图 10.11 HTC Titan Ⅱ 智能手机（2012 年）和极星 2 的
中控屏主页（2019 年）（左图来源：HTC）

语音控制在用户说话输入时，屏幕上如果可以将用户所讲的内容实时显示出来，也可以传递安心可靠的价值。在当前的技术条件下，汽车人机交互的语音控制依然无法像人与人之间交流一样自然，有时会出现专有名词识别错误、对话的起止点判断错误等问题，所以用户需要实时的反馈来判断这个交互过程是否出现问题、是否在自己的掌控之中。

此外，对语音控制应该给用户提供一些使用的提示或教程。例如在开启语音对话时，在屏幕上显示"你可以说'导航至 xxx'"，或者在特定场景下预判用户的需求，进行主动询问。虽然语音控制本身越来越强大，但是用户并不清楚它的能力边界。这与屏幕上的交互非常不同。屏幕上如果多了一个新的功能，就会增加一个可以被用户看到的新图标。苹果智能手机中的 Siri 语音助手在被唤醒后没有使用指引，很多用户并不知道它究竟可以做什么。其实，Siri 可以直接用语音发送微信消息，但大多数苹果手机的用户并不知道。

自动驾驶（含驾驶辅助）功能改变了车辆只由驾驶员控制的情况，很多驾驶员在使用时会因为车辆不受自己控制而感到不安。因此，虽然自动驾驶在工作机制上并不需要与驾驶员频繁地互动，但为了给驾驶员安心可靠的主观感受，自动驾驶应当将车辆周围的实时情况展现在屏幕上，告诉驾驶员"我在不断地探测""我在可靠地工作"。特斯拉 Model 3 甚至可以识别出周围的车辆是轿车、SUV、客车，或摩托车，并在中控屏上显示出来，如图 10.12 所示。周围车辆的类别信息对于自动驾驶的算法策略或许没有直接的帮助，但这可以让用户感受到车辆的识别能力非常强大，进而更加信任自动驾驶的可靠性。

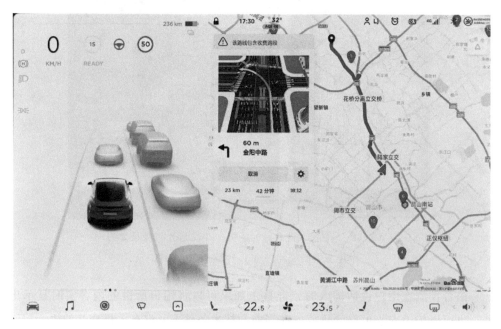

图 10.12　特斯拉 Model 3（2021 年）显示周围环境的情况

安心可靠与惊喜价值看似矛盾，但二者的应用领域有所区别。安心可靠主要针对有明确目的性的功能，特别是在用户对其交互方式尚不习惯的时候。而惊喜主要针对用户预期目的之外的特性，而这些特性存在与否并不影响用户使用人机交互系统的主要功能。因此，一辆优秀的汽车完全可以同时提供安心可靠和惊喜的价值。

10.3 文化研究对汽车国际化战略的意义

本章介绍了文化与价值对汽车人机交互用户体验的重要影响，并列举了4个中国用户的典型价值需求，其中有3个是中国用户所独有的。通过对文化的进一步深入研究，还可以针对特定的目标人群得到更多、更加精准的价值需求。文化与价值的研究方法不仅适用于汽车人机交互，还可以用于汽车整体的体验设计、产品定义、营销策略等诸多领域。尤其是在汽车企业开辟国际市场的过程中，能否了解当地市场的文化，对产品的成败至关重要。

中国是全球最大的汽车市场，对于大多数国际汽车品牌来说也是最为重要的市场之一。从2000年至2015年，中国汽车用户的需求取向相对单一，比较容易研究和理解。例如，大多数汽车用户都喜爱大气的造型与充裕的空间，所以加长轴距成为屡试不爽的成功秘诀。2015年之后，市场开始逐步变得复杂化与多元化。例如，2021年中型豪华SUV市场销量第一的车型是宝马X3，它凭借未加长的标准轴距超过了同级别中诸多长轴距产品的销量。这标志着在主要细分市场中，长轴距、大空间不再是成功的必要条件，包括品牌形象、产品独特卖点在内的综合性能变得更加重要。那么，在竞争如此激烈的市场中，如何打造面向新一代年轻用户的品牌、如何定义与众不同的产品卖点，就成为非常重要的问题。类人形的语音助手形象不能提供额外的功能，却可以满足用户陪伴的价值。大尺寸的中控屏与副驾屏并不一定要显示更多的信息，而首先要满足用户荣耀的价值。由于文化背景不同，国外汽车品牌想要理解中国汽车用户这样的价值需求是相对困难的，而想要发掘出独到的、尚未满足的新价值需求无疑更具挑战。在这种环境下，基于霍夫斯泰德文化模型的价值研究方法可以提供一种容易被学习和掌握的框架。

中国汽车企业更容易了解中国用户的价值需求，但这并不意味着也可以轻松地了解其他海外市场的价值需求。据中国汽车工业协会数据，2021年中国汽车出口突破200万辆，比上年翻了一番，占汽车销售总量的比重为7.7%。然而，相比德国、日本、韩国等汽车出口大国，中国出口的汽车在产品策略、销售渠道、品牌建设等方面都还存在一定差距。尤其是产品方面，大多数出口的汽车与国内销售的车型基本相同，没有针对目标市场进行有针对性的改进。想在海外市场提升销量、拉高定位，就必须针对当地市场打造专门的产品。由于文化不同，世界各地汽车用户的价值需求与中国市场可能存在显著的不同。例如，北欧文化中的詹特法则（Jantelagen）意味着吹嘘自己的财富会令人感到不愉快，人们更应该表现出自己是平凡的、没有任何优越感的。在这类文化中，中国汽车那些彰显荣耀价值的设计可能会显得并不适合。要全面了解海外市场用户的价值需求，就需要基于霍夫斯泰德文化模型的框架，深入剖析当地市场的用户心理，避免设计出令当地用户反感的产品特性，同时在价值需求层面寻找新的市场突破口。

第11章

审美

11.1　发展与形成

11.1.1　界面设计中的审美

　　汽车人机交互系统是否好看，也是影响综合用户体验的重要因素之一。相比其他的评价指标，好看与否的判断通常更为直观、快速。消费者去汽车展厅选购汽车时，进入座舱，留下的第一印象就包括中控屏中的界面是否好看。而第一印象对于消费者决定是否购买这辆汽车非常重要。因此，品牌想要博得消费者的好感，保证系统界面的美观性是必须要做出的努力。其实不只是汽车人机交互，各种消费产品的"颜值"一直以来都是产品核心价值的一部分。人生来具有审美，正如康德（Immanuel Kant）在法国大革命次年出版的《判断力批判》中所提出的，审美是人的精神世界中普遍的、共同的东西。审美这一评价指标由此而来。

　　审美指标的评价对象是用户界面设计的美观程度。用户界面是用户体验的重要影响因素之一。Tractinsky 在 1997 年对自动取款机界面进行的实验结果显示，用户对系统好坏的感知与界面美观度评价高度相关。而界面的美观性被正式纳入到用户体验的范畴是由 Thüring 在 2007 年提出了用户体验要素模型（components of user experience，CUE），指出用户体验要素是对工具品质的感知、情绪反应和对非工具品质的感知，视觉审美也被囊括其中，如图 11.1 所示。此外，大量研究发现产品的美观程度对用户总体满意度有重要的贡献。与容易使用但不太美观的产品相比，人们对美观但不太好用的产品更为满意。例如，Cyr 等人使用 TAM 模型（technology acceptance model）对手机端网站进行美学相关的实验，结果表

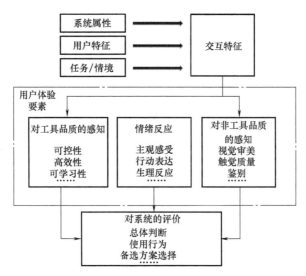

图 11.1　用户体验要素 CUE 模型（引用自 Thüring，2007）

明交互产品中的界面美观性对用户感知到的系统可用性、系统易用性和愉快感有显著影响。

　　从界面设计的发展史可以看出人们在不断追逐审美性更高的界面。20 世纪 70 年代，施乐公司 Xerox Palo Alto Research Center（PARC）的研究人员开发了第一个图形用户界面（Graphic UI），开启了计算机图形界面的新纪元。80 年代以来，操作系统的界面设计经历了众多变迁，从审美性较低的字符界面发展至审美性较高的图像界面。90 年代中期的微软 Windows 95 操作系统是图像界面开始取代字符界面的典型代表。现阶段，界面设计正在变得更加人性化和个性化。图像、图案、色彩等视觉元素使界面本身呈现出相应的审美价值与人文价值，能够表达的象征意义也会越来越丰富。

　　用户界面分为实体界面和虚拟界面。实体界面包括屏幕的位置、按键的位置与造型设计等，一般表现在三维立体空间。而虚拟界面是屏幕中所显示的内容，主要表现在二维平面上。现阶段各种消费产品的设计都更加聚焦于虚拟界面。这是因为用户对交互产品感知审美的重心已经从整体造型转移到屏幕内的界面上。在十多年前，手机靠外形的设计和创新吸引消费者的眼球，即便是同一个品牌的机型迭代，也会强调与众不同的外观设计，然而对于界面的设计却几乎没有实质性的改变，如图 11.2 所示。这种现象在今天的手机市场中已经基本消失了，甚至有些不同品牌的手机几乎无法让消费者从外形上分辨出来。但是现在智能手机界面设计的丰富程度是前所未有的，例如图 11.3 中，两款智能手机在造型方面大同小异，只有细节上的些许区别，但它们的界面却是风格迥异，并以此吸引消费者的关注。

图 11.2　诺基亚 3650 手机（2002 年）和诺基亚 7610

手机（2004 年）（来源：Nokia）

图 11.3　VIVO X60 智能手机（2020 年）和华为 P50

智能手机（2021 年）（来源：VIVO、华为）

本章所讨论的汽车人机交互审美评价主要针对虚拟界面的设计美观程度。这一方面是由于虚拟界面正在成为座舱审美的中心，另外也是由于实体界面设计在不同车型之间的差异化较小，同时立体空间中标准化评价方法的构建也较为困难。

11.1.2　审美的评价

审美评价（aesthetic evaluation）在《心理学大辞典》中是一个词条，指审美活动中主体以其独特的审美价值观对审美对象的属性做出价值判断的过程，它取决于审美修养、思想水平、个人的生活情感好恶等。部分生于互联网时代个性张扬的年轻用户可能认为色彩绚丽、元素纷杂的人机交互系统界面是好看的，但是一些成熟稳重的年长用户也许更偏爱简洁的界面。

　　审美评价虽然有较强的主观性，但对于汽车人机交互而言，它并不是漫无边际的，而是有章可循的。对于汽车人机交互的审美评价，象征主义可以为我们提供一些思路。象征主义诞生于 19 世纪末的英国及西方其他几个国家，是一种致力于把抽象的观念转化为具象事物的思想，它用客观世界中的事物来指代主观世界，而客观事物本身则被弱化。用象征主义理论家古斯塔夫·康恩（Gustave Kahn）的话说就是："我们的主要任务是主观的客观化，而不是把客观主观化。"象征主义背后的理论支撑是科学，也就是在现象中寻找到的规律，所以观念和事物之间的对应关系也是有迹可循且相对固定的。沿着这种思路，《形感的教育》和《色感的教育》提出了颜色和线条的属性与人的主观世界的一些联系。在此理论出现之后，人们相信关于美的规律是存在于外部客观世界的。对于发自内心的感受，则可以将其转化为一个具体的东西，或者是某种颜色和形状。这就相当于把人的思想和情绪编码为一串字符，以便科学地测量和表达。

　　在审美评价中，"好看"的范畴中有很大一部分是偏向于象征的，这些成分运用象征主义思路相对容易被科学、标准化地评价，而且也更符合多数用户的审美习惯。在考量界面设计中美观度的属性时，如配色、线条等，重点会关注这种属性的具体表现是否象征某种主观印象。例如，多数用户都会认同，仪表中的红色代表车辆的运动与性能，但他们并不会过分关注红色元素本身的美丑。这种评价思路与直接评价界面的美观度相比可执行性更强，标准化程度更高。而对于某种配色或图案是否符合用户纯粹的、与象征毫不相关的主观美丑偏好，在这里则不做评价。在汽车人机交互当前的发展阶段，通过界面设计增强用户对车辆本身某些属性的感知，传达超越表象的内在涵义和想象是十分重要的。例如，在梅赛德斯-奔驰 S 级轿车仪表盘的关机动画中，密集的三叉星闪烁于车标周围，象征着车的豪华大气，金属质感的渲染象征机器，向用户传达着科技和未来，如图 11.4 所示。

图 11.4　梅赛德斯-奔驰 S 级（2020 年）的仪表关机动效

综上所述，汽车人机交互的审美评价可以采用这样较为标准化的流程。第一，总结虚拟界面设计的若干种风格趋势；第二，归纳与每一种风格相对应的典型的象征设计手法，作为具体的检查清单条目；第三，考察被测车型是否运用了这些设计手法，以及在多大程度上运用了它们，即对条目量化打分；第四，判断被测车型在每种设计风格上所达到的水平。

不同风格的成绩是不可累加的。一套人机交互系统可以在不同的审美方向都做到比较好的水平，也可以只在某一个方向上做到极致。我们不能说前者的设计比后者更好，只能说它们的定位取向各有特色，或者说在某一个审美方向上，哪套系统做得更好。

这种方法的优势是将审美的评测变得标准化、定量化，但它也有两点局限。首先，这种方法无法百分之百覆盖审美评价的所有要素，而是重点关注有象征意义的，或其他容易被抽象表述和评判的方面。另外，这种方法可以引导设计者吸取时下标杆性产品的长处，从而做出较为优秀的界面设计，但无法凭空引导创新，也就不能产出颠覆式的卓越产品。不过，对于任何评价体系而言，引导创新本来也不是它们的主要目的。

11.2 主要审美风格

汽车人机交互中虚拟用户界面设计的风格是利用特定的色彩、图形、排版等设计元素的整合，为界面塑造出一种具有代表性的特征，能使用户产生特定的整体感受。在目前阶段，汽车人机交互的主流界面设计风格主要有豪华感、简约、科技感、温度四种。

11.2.1 豪华感

豪华感指的是界面设计给人带来的高品质、华丽、奢侈的感受。

人类对于奢侈华丽的追求几乎贯穿了整个艺术史，其中17世纪到18世纪的巴洛克风格和洛可可风格是典型的代表。巴洛克（Baroque）这个名字来自于葡萄牙语，原意是不太圆的珍珠。巴洛克风格是17世纪开始的一种宏大而华丽的艺术风格。洛可可（Rococo）一词由法语Rocaille（贝壳工艺）和意大利语Barocco（巴洛克）合并而来，有人将洛可可风格看作是巴洛克风格的晚期。这两种风格的核心特质都是华丽的装饰，具有代表性的作品都将每一处复杂精致的细节刻画得淋漓尽致，以此来满足贵族们对奢华的需求。例如，天顶画《神意的胜利》是巴洛克绘画最早、最成功的案例之一，如图 11.5 所示。

图 11.5 彼得罗·达·科尔托纳，《神意的胜利》（局部），1633 年

　　艺术家和他们的作品将豪华与复杂和精细联系在一起，这两者兼具也意味着高品质。无论是建筑还是绘画，复杂且精细就需要更多的时间与成本的投入。而为了追求高品质使用高成本就是奢侈。随着时代的发展和人们品位的改变，当代界面设

计的豪华感与经典艺术中的豪华在表现上的直接关联已经很弱了，但是人们对豪华的向往是一直存在的，所以其中的思想内核还是沿袭了下来，并且以现代的方式体现在界面设计中。

高质量的图片、高饱和度的对比色和具象化的质感都是营造豪华感的要素。它们的背后也有着更高成本的硬件支撑。所有设计师在设计界面时都会使用这些高品质的素材来追求理想的设计效果，但是设计稿和实际呈现之间是有很多阻碍的，包括屏幕的品质和芯片的算力。对于单个界面来说，高质量和具象化质感的图片需要高分辨率的屏幕，而饱和度高的元素需要屏幕有更强的色彩还原能力。例如 2021 年宝马推出的 iDrive 8 操作系统，用丰富的色彩渐变和光影变化打造出的金属质感呈现在约 200 ppi 分辨率的屏幕中，为用户营造出了豪华感，如图 11.6 所示。而对于整体的系统来说，界面之间的切换是十分频繁的，要在极短的时间内完成每个高品质界面内容的呈现，这对车机芯片的算力是有一定挑战的。

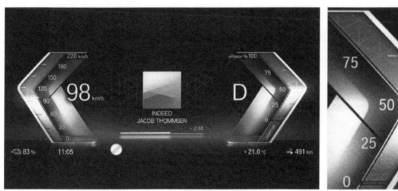

图 11.6 宝马 iDrive 8（2021 年）系统仪表显示界面及局部放大（来源：BMW Group）

曲线和纹理点缀也是能够传达豪华感的设计元素。巴洛克和洛可可风格的作品善用精美纤细的曲线和螺旋线条，并常用取材于自然中的纹理，例如用蔓藤花纹作为装饰来体现精致、繁复与奢华。当代界面设计中，曲线和纹理也是让设计变得复杂和精细的手段之一。曲线相较于直线更加灵活生动，但是也更难控制，细微的曲率变化都可能对整体效果产生影响。设计师在运用曲线设计界面时需要更加细腻的把控，自然会将更多细节呈现在界面效果中。能够丰富界面细节和层次的还有精致的纹理，上述的宝马 iDrive 8 界面运用了三角形纹理来增加材质的层次感（图11.6），虽然面积不大，相较于大面积的光影不容易被用户在第一时间感知到，但如此考究的细节彰显出设计者的精妙用心，引导用户进一步充实对豪华品质的想象。

11.2.2 简约

简约是指界面设计去除不必要的装饰，保留核心元素并将其提炼升华。

随着人类文明的进步和社会形态的变化，追求豪华和装饰并不总是人们审美的主旋律。在经历两次工业革命之后，现代主义设计作为一种新的潮流出现。它以反对浮夸装饰的姿态，强调几何化、简单化和工业化，几乎是处于传统豪华的对立面。现代主义设计的本质内容是功能的、理性的、反传统的、反装饰的，不仅确定了批量化产品设计的新形式与新美学，还全面地影响了后来的建筑设计、环境设计、平面设计、家居设计等。现代主义的代表人物之一是包豪斯（Bauhaus）设计学院的第三任校长密斯·凡·德·罗（Ludwig Mies Van der Rohe）。他提出的"少即是多（Less is more）"直到现在都被奉为经典，让简约设计风格深入人心。

现代主义强调把功能作为设计的中心和目的，而形式则是次要的，就是推崇简单、直接、高效的设计，让人用得方便。这种理念对平面设计领域造成了很大的影响，比如自20世纪初的很多海报设计开始减去繁复的装饰，只留下必要的核心信息，如图11.7所示。当今，随着智能设备的发展和普及，界面设计逐渐从平面设

图 11.7　约斯特·施密特，包豪斯展览海报，1923 年

计中脱离出来并形成了相对独立的概念，但以功能为中心、简约等现代主义理念在界面设计中依旧占据了一席之地。

简约风格能成为界面设计的主流风格之一有两个主要原因。第一，当下绝大部分用户对智能产品的界面交互已经形成了习惯，对一般的操作方式、图形含义都很熟悉。所以界面中的图标没有必要模拟出事物具体的、本来的样貌，只需要简单抽象的扁平化图标就可以直指本质，让用户理解其含义。例如，苹果智能手机操作系统中的图标在近 10 年来的发展中，变得越来越简约，越来越抽象化，如图 11.8 所示。第二，简约的界面能够减少用户的认知负担，增强可读性和易读性。没有冗余的无效信息占用用户的视觉感知，能够使有效信息第一时间被用户读取，并且在大脑中处理时不受到更多的干扰，减少信息处理的工作量。在当代快速的生产生活节奏中，这也符合人们对效率的追求。

图 11.8　iOS 5（2011 年）与 iOS 15（2021 年）操作系统中的图标

简约风格的界面往往会以大面积的留白取代色块，并且常以黑白灰为主色。用留白代替装饰元素的作用是突出主要内容，减少界面中的无效信息。同时，色彩本身是带有丰富含义的，且人们会不自觉地解读其中含义。而黑白灰的界面主色调能很大程度地减少给用户带来的不必要的重复信息，让信息主要通过形状和布局来传递。但是，在某些情况下色彩的作用是不可替代的，此时运用颜色的晕染与渐变可以在一定程度上等同于彩色的作用，并在不破坏整体简约风格的前提下，向用户传达完整的信息。此外，简约的界面大多还会使用抽象、极简的线形图标。在特斯拉 Model 3 的中控界面中，所有的图标都以最简洁的设计表达含义和功能，如图 11.9 所示。它们的类别和功能主要通过位置来区分，而非复杂的边框线条，在大块区域的划分上则使用了不同的灰度。此外，在整体布局和色彩运用上，Model 3 的界面设计也使用了大面积的留白和黑白灰的主色调，强化用户对于界面简约风格的感知。

11.2.3　科技感

近年来，界面设计的科技感主要体现为数字化的元素给人带来的超越现实的感

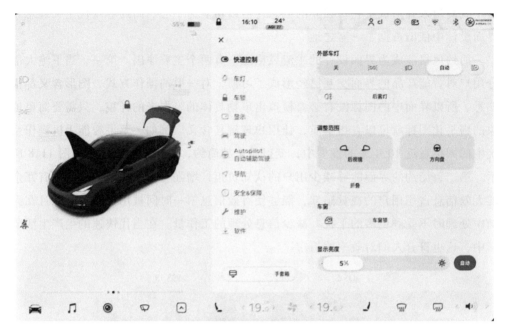

图 11.9 特斯拉 Model 3 (2020 年) 的设置界面

觉。但与之前几种风格不同,科技感的定义不是固定的,因为科技本身就在不断发展变化。

与简约风格类似,科技感的起源同样受到了工业革命的影响,甚至可以追溯到更久以前。人们对科技的崇拜从第一次工业革命时期就已经开始了,那时人们对科技的感知对象主要是机器。在第二次工业革命之后,机器的地位得到了进一步的提升,未来主义出现了。此时,机器成为艺术的表现主题,与工业社会相联系的速度美、机械美、运动美都是值得歌颂的。人们信奉机器,对机器、速度、力量和运动的崇尚在汽车上表现得淋漓尽致。1909 年,意大利作家马里内蒂(Filippo Tom-maso Marinetti)在《费加罗》报上发表了《未来主义宣言》,其中写道"宏伟的世界获得了一种新的美——速度之美,从而变得丰富多彩。一辆赛车的外壳上装饰着粗大的管子,像恶狠狠地张嘴哈气的蛇……。一辆汽车吼叫着,就像踏在机关枪上奔跑,它们比萨色雷斯的胜利女神塑像更美。我们要歌颂手握方向盘的人类,他用理想的操纵杆指挥地球沿正确的轨道运行。"而在绘画艺术中,1912 年波丘尼(Umberto Boccioni)的作品《水平卷》(Horizontal Volumes)画面的主体虽然是人,但通过人物扭曲的五官和凌乱的衣服想要表达的还是机器的速度和力量,如图 11.10 所示。汽车的复杂和强悍让人们对机器产生了敬畏之心。在汽车刚被发明出来的时候,如果汽车撞到人造成了交通事故,大家会认为这是行人的责任,因为是其没有及时避让。

图 11.10 翁贝托·波丘尼，《水平卷》，1915 年

从第三次工业革命开始，人类一直处于科技蓬勃发展的进程中，科技的重要性在不断提升。当今世界，科学技术几乎是社会各个领域生产力中最活跃的因素，而汽车行业正是其中的一个典型。当今汽车企业越来越重视对产品技术的提升和传播，而"科技感"就是企业将产品的科技水平传达给用户的一种感性的方式。对于大部分不是非常专业的用户来说，车身外观或是交互界面设计中的科技感相比于各种技术参数更加直观，拥有不可替代的吸引力。而车内的屏幕硬件本身就是一种科技产品，这使得人机交互的虚拟界面在传达科技感时有了一个很好的基础。

电子信息、互联网的出现和发展让人们对科技的感知从实体的机器变为超越机器本身的虚拟数字化元素，从机器的速度转变为运算的速度，从发动机的动力转变为信息处理的能力。在汽车人机交互的界面中，将当下现实的科技元素抽象化、数字化的设计都会带有科技感属性。例如模拟微观世界的粒子排布、仿照电路板的折线线条、多种样式的光影效果等，本质上都是在投射现实生活中人们所理解的科技元素。此外，在界面中打造整体的空间立体感，以及干脆、流畅的动效都能增强用户对科技的感知。界面设计传达科技感时通常会使用以绿色、蓝色等深色系为主的配色。早期的科技感界面通常使用绿色。这很可能是因为单绿色显示器长期以来都是计算机的主要输出设备，例如 1980 年的苹果 Monitor III 显示器和 1981 年的 IBM 5151 显示器都只能显示绿色。直至 80 年代晚期，微软 DOS 操作系统成熟之后，黑白显示器和彩色显示器才逐步普及。绿色也出现在一些艺术作品中，例如 1999—2003 年，电影《黑客帝国》（Matrix）三部曲中，大量使用了黑色背景、绿色文字与剪影的画面风格，这对后续人们的科技感审美产生了深远的影响，如图 11.11 所示。近年来，蓝色开始取代绿色，成为科技感代表色彩的主流，例如梅赛德斯-奔驰 S 级轿车的界面，如图 11.12 所示。蓝色波长较短，色温较高，适于表达机器所特有的冷静与理智。同时，蓝色也是大自然生物界较为少见的色彩，更适合表达虚拟世界在现实世界中所投射出的元素。

图 11.11 《黑客帝国 2：重装上阵》原声大碟封面，2003 年

11.2.4 温度

温度是指科技产品用以人为本的理念传递人文关怀，让科技不再冰冷。

冷暖是人类最基本的感知，而随着现代社会发展，"温度"一词已超出了生理感知范畴。在设计领域，温度体现出一种以人为本的关怀。有温度的设计是将人的感受作为中心，强调技术是为人服务的观念。这种设计与单纯崇尚科技的观念相反，它不直接强调科技本身，而是让科技退后，隐藏在视觉表象之下。有温度并不

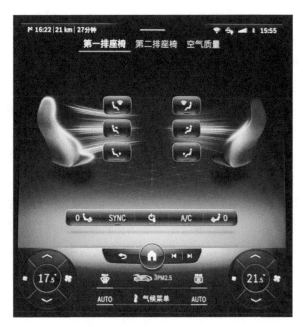

图 11. 12　梅赛德斯-奔驰 S 级（2020 年）的空调界面

意味着反科技，它可以通过展现科技在人们生活中的使用场景，让科技以一种更柔和的方式贴近人们的内心。

　　在界面设计中，有温度的界面一般使用轻快或温暖的颜色作为主色调，并且为了让界面显得更加干净清晰，常常会在使用色彩时适当加入一些灰度。例如蔚来 ES8 的人机交互系统在深色模式下，运用了渐变的橙色来强调关键信息，犹如黄昏的暮色，让人感到放松和温暖，如图 11. 13 所示。另外，有温度的界面中的按钮、卡片等图形一般会刻意避免尖角，而使用圆角的设计。这一方面是由于人类眼睛的生理结构在识别圆角弧形的时候更加容易，也会被圆角引导向中间聚焦。另一方

图 11. 13　蔚来 ES8 中控屏中的局部界面（2020 年）（来源：蔚来汽车）

面，圆角自身的图形属性更加柔和、舒适，给人一种安全感和亲密感，而直角则给人一种锋利和冰冷的感觉。除了上述的设计点，一些界面设计还会以插画风格元素或者微交互动效来营造温度。有温度的车机界面的流行，也能说明科技的根本目的还是为了让人们的生活更加美好。

除这里所提到的四个主流风格之外，一些品牌或车型可能会通过其他的风格去强调它独特的产品属性，例如法国 DS 品牌界面中犹如卢浮宫金字塔般锐利与冷傲的风格，以及英国 MINI 品牌界面中圆润灵动的风格。但这些风格不具有代表性，所以不在此展开讨论。

设计师将以上这些界面的风格以及各自所包含的常见设计手法作为参考，可以优化界面设计，增强界面所传达出的象征意义。同时，设计师还需要发挥自己的能力将各种典型的设计手法充分地融合起来。以上这些参考不应该成为设计师的限制，一旦有了出众的颠覆式创意，即使没有采用上述的设计手法，也有可能创造出成功的产品。

第12章
评价体系在研发流程中的应用

12.1 三维正交评价体系的使用

本书介绍了汽车人机交互的三维正交评价体系，并对其中的评价指标进行了深入的分析。这套评价体系在汽车座舱的实际研发过程中应当如何使用？本节内容将会给出相关的建议。

12.1.1 评价条目分布建议

在汽车人机交互三维正交评价体系中，每一个评价条目都处在由评价指标、交互任务、交互模态所构成的三维空间内，如图 12.1 所示。理论上，评价条目的数量是三个维度数量的乘积，会达到数万条。在真实的测试评价过程中，有些理论上存在的评价条目并不重要，例如那些复杂的、不常用的车辆设置功能通常都是在停车时操作，没有必要去考察它们在驾驶过程中的安全性。还有一些条目本身没有意

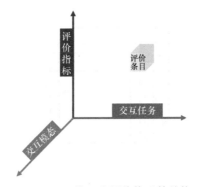

图 12.1 三维正交评价体系的结构

义，例如有用性中的抗噪性能评价只对使用语音模态的任务有效，而触屏与按键的操作过程显然不会受到噪声的影响。这两类评价条目不需要被纳入实际的评价体系之中，具体的筛选过程可以根据实际项目需求而调整。

对于汽车人机交互全面的、没有特定聚焦点的测试评价项目，这里给出一个典型的评价条目分布建议，见表 12.1。其中，交互任务的分类在 3.2 节中有详细介绍。每个评价条目的测试结果，根据相应的度量标准，可以转化为得分。然后各个条目的得分根据所在三个维度的权重进行加总，即可得到评价的总分。

表 12.1　汽车人机交互评价条目的分布建议

评价指标		交互任务					
一级	二级	基础交互任务	扩展交互任务	生态与场景任务	系统基础体验	读取信息	导航性能表现
有用性	功能支持	●	●		□	■	■
	任务成功率	●	▲				□
	可触及性	▲	▲				
	稳定性	△			□		
	模态增强	△	△		□		
安全性	驾驶保持	●					
	视线偏移	●					
	功能限制			□			
高效性	任务时间	○			□		□
	操作复杂度	●	○				
认知	逻辑结构	△	△		□		
	元素可见性	▲	▲		□	□	□
	元素可理解性	△	△		□		□
	元素可记忆性	△	△		□		
	系统反馈	△			□		
智能	理解力				△		
	功能智能			□			
	场景智能			■			
价值	陪伴			□	□		
	荣耀			□	□		
	惊喜			□	□		
	可靠			□	□		

（续）

评价指标		交互任务					
一级	二级	基础交互任务	扩展交互任务	生态与场景任务	系统基础体验	读取信息	导航性能表现
审美	科技感				□		
	豪华感				□		
	简约				□		
	温度				□		

注：●表示涉及全部任务和全部三级指标，需要对各交互模态分别评测。
　　○表示涉及部分任务或部分三级指标，需要对各交互模态分别评测。
　　▲表示涉及全部任务和全部三级指标，只适用某些特定的交互模态。
　　△表示涉及部分任务或部分三级指标，只适用某些特定的交互模态。
　　■表示涉及全部任务和全部三级指标，与交互模态无关。
　　□表示涉及部分任务或部分三级指标，与交互模态无关。

12.1.2 多种交互模态得分的处理方法

计算评价总分的过程中，在评价指标和交互任务维度上，按照权重的得分加总有着统一的方法和直观的结果。而对于使用不同交互模态完成同一个任务的得分，则有几种不同的处理方法。

处理交互模态得分的第一种方法是对每个交互任务下的各种交互模态取平均值。这种方法看起来非常直观和全面，但它却可能限制每一个任务所对应的交互模态的数量。例如，某一个交互任务，用触屏最多可以做到9分，用方向盘按键最多可以做到7分。那么，如果这个任务可以使用这2种交互模态，平均后的成绩是8分，而如果取消掉方向盘按键的这个功能，只可以使用触屏交互，那么成绩就会提高到9分。可见，交互模态支持的范围越丰富，在这种评分方法下就越不容易获得高分。第二种方法是每个交互任务只取最优交互模态成绩，而不考虑其他交互模态的成绩。这种方法避免了第一种方法中的问题，不会出现交互模态越丰富成绩反而越差的情况。但是，这种方法无法发现很多设计中的问题。例如，某个交互任务使用语音可以获得满分，那么无论这个任务在触屏上的交互设计有多差，都不会影响它满分的成绩。第三种方法是前两种方法的综合，给最优交互模态赋予一个较高的权重，给第二名和之后的交互模态赋予依次递减的权重。这种方法更加均衡，但是操作比较复杂，过程不够直观，结果不易理解。第四种方法是根据市场调研的输入，按照用户的使用频率，给每个交互任务下的不同交互模态赋予相应的权重。使用这种方法需要注意不同目标人群之间的交互习惯可能有差异，并且每位用户的交互习惯都可能会逐渐变化。

选择哪种方法来处理交互模态的得分，需要根据具体评测的目的来判断。如果目的是找出设计中的问题，可以使用第一种或第三种方法。如果目的是发掘产品的最优潜力，可以使用第二种或第三种方法。如果是一次性的竞品对标项目，也可以考虑第四种方法。

12.1.3　评价体系的局限性

本书所介绍的评价体系旨在能够定量化、标准化地评价汽车人机交互。虽然在7个一级评价指标中，价值、审美是2个原本非常主观的指标，但本书依然利用中国用户的典型价值观分析和界面设计的象征手法分析将价值和审美的评价在一定程度上实现了标准化。依靠这套标准化的汽车人机交互评价方法，我们能够让所有的量产汽车站在统一的标准线上，得出量化的、可复现的评价结果，实现不同产品之间全面、公平、客观的对比。

然而不可否认的是，标准化的评价方法也会带来一定的局限性。首先，这套评价方法针对一些创新的交互无法实现有针对性的深入研究。例如，对于能够实现独立音区的定向扬声器，需要考察它的音区独立性水平以及背景噪声大小。这两项指标对于其他交互技术没有意义，也就不会出现在这套评价方法现有的标准化流程之中。因此，对于一种创新交互的评价，需要专门设计一部分有针对性的评价指标。直到这项新交互在量产车型中较为普及之后，这些新指标才会出现在标准化的流程之中。

第二，这套评价方法对于用户纯主观感受的考察不够细致。例如，用户在使用系统时的愉悦程度不在评价体系之中。愉悦程度可能被各种各样的因素所影响，难以穷举。而且这些影响因素常常是不可累加的，难以计算，即所谓的"一个缺点毁所有"。想要细致地研究用户纯主观的感受，必须使用主观的问卷量表。但由于主观问卷量表的可复现性较差，通常只有相同时期、相同样本的调研结果才有较强的可比性。

第三，这套评价方法不能区分用户期待的差异性。当前市场上，20～50万元价格区间的汽车有着最强的智能化水平，这个区间内有经验的用户也对汽车的智能化有着更高的期待。而10万元以下入门级产品的用户和100万元以上高端产品的用户则可能对于市场上智能化水平最高的产品并不熟悉，也就没有那么高的期待。

所以，相同得分的人机交互对于一部分用户来讲是很好的产品，对于另一部分用户则可能不够优秀。不过从另一个角度来看，不混入用户主观期待的差异也意味着这套标准化评价方法的结果更加客观和公平。在需要加入用户主观期待的研究中，可以使用用户调研作为这套评价方法的补充。

12.2　伴随研发全流程的测试评价

汽车人机交互的产品研发面临三个挑战：第一，交互架构多种多样，需要取舍。所有座舱的设计开发者都要面临这些问题：中控屏应该选择横屏还是竖屏？中控屏要置于空调出风口上方还是下方？是否需要副驾屏？是否需要 HUD（抬头显示）？要保留多少个实体按键？中控屏界面首页是地图还是快捷小组件？……这些问题都没有绝对的正确与错误，都需要进行分析、验证、取舍。相比之下，汽车发动机、底盘的开发目标更加清晰直观，不会遇到这么多需要取舍的问题。第二，软件开发时间较长，难以跟上用户需求的变化。相比智能手机和互联网产业中的软件，汽车人机交互系统的设计开发速度更慢，通常需要 1～3 年。而用户的需求变化非常快，甚至会出现产品开发上市之后就已经过时的情况。例如，在 2019 年之前，在中控屏上看在线视频是一个不主流的功能，甚至被一些用户嘲笑和不齿，但在 2021 年，有无在线视频却成了汽车智能化程度的重要标志。第三，硬件通常难以更换，限制软件的更新。一辆汽车的生命周期可能长达近十年或者更久，不会像智能手机那样频繁地更换。虽然很多智能汽车可以通过 OTA 在线升级来不断完善人机交互系统的软件，但是大多数汽车的中控屏、芯片无法在购车之后进行升级，从而会限制新版本软件的运行效果。如何在新旧不一、参数各异的硬件上同时运行最新的软件，对于软件的定义和开发是一个挑战。

传统的车辆测试验证主要针对已经开发完成、即将上市的原型产品，测试结果可以指导产品进行调教优化。而对于硬件和软件架构的大幅升级或重新设计，通常只能等到下一代车型。显然，这样的测试验证流程无法完全应对汽车人机交互产品研发中的挑战。测试评价应该深入到汽车智能座舱和人机交互研发的全流程当中，包括概念定义后的快速概念原型验证、交互设计/界面设计后的高保真原型验证、系统开发后的样件/原型车验证、实现量产后的量产车对标。针对每一个阶段产出物的测试验证结果都可以及时反馈给这个阶段的研发团队，避免问题遗留到下一个阶段，真正实现快速迭代，如图 12.2 所示。

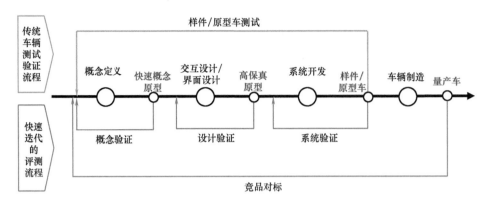

图 12.2　汽车产品开发过程中两种不同的测试评价流程

12.2.1　概念定义阶段

几乎所有的汽车座舱设计团队都希望打造出一套拥有独特亮点的系统。设计者要在各种各样的创新想法中，判断究竟哪些概念能够得到用户的青睐。这不能只通过设计者的想象和推理，还要把这些想法做成真实的快速概念原型，让设计者和潜在用户沉浸其中，深入体验。

对快速概念原型测试评价的目标是多种多样的，它主要取决于有哪些新的设计概念需要被验证，可以包括：屏幕的尺寸与位置，例如横屏还是竖屏，位置高一些还是低一些；屏幕的数量，例如是否需要副驾屏，是否需要下控屏；创新的交互技术，例如隔空手势识别、触摸式按键、定向扬声器；重要任务的交互模态定义，例如空调温度调节能否用触屏完全取代中控实体按键；屏幕中重要页面的布局，例如中控屏首页放置地图还是快捷小组件。此外，用户在使用人机交互系统时的主观感受也需要在这个阶段被关注，例如类人形的语音助手是否会比抽象的波浪更加容易赢得用户的信任感。被验证的设计越是创新，越是与众不同，就越需要投入更多的资源进行验证。

快速概念原型一般并不具备完整的页面元素，也不具备完整的功能，所以一些评价指标无法应用，也就不能对其进行全面的测试评价。常见的概念原型测评所涉及的评价指标见表 12.2。该阶段的验证重点之一是创新交互方式，包括新的交互模态与新的交互任务，属于有用性中的功能支持与模态增强。页面总体布局与认知中的部分指标相关。其他创新的概念设计还可能涉及智能、价值、审美等评价指标。安全性与高效性的评价在这个阶段通常无法进行。

表 12.2 评价指标在研发各阶段的重要程度分布

评价指标		设计研发的阶段性产出物				
一级	二级	快速概念原型	高保真原型	样件	原型车	量产车
有用性	功能支持	●（创新交互方式）	○	●	●	●
	任务成功率			●	●	●
	可触及性			○	●	●
	稳定性			○	●	●
	模态增强	●	●			
安全性	驾驶保持				●	●
	视线偏移				●	●
	功能限制		●	●	●	●
高效性	任务时间				●	●
	操作复杂度		●	●	●	●
认知	逻辑结构	●	●	●	●	●
	元素可见性		●	●	●	●
	元素可理解性		●	●	●	●
	元素可记忆性	○	●	●	●	●
	系统反馈	○	○	○	●	●
智能	理解力	○	○	●	●	●
	功能智能	○	○	●	●	●
	场景智能	●	●	○	●	●
价值	陪伴	○	●	●	●	●
	荣耀	○	●	●	●	●
	惊喜	○	●	●	●	●
	可靠	○	●	●	●	●
审美	科技感	○	●	●	●	●
	豪华感	○	●	●	●	●
	简约	○	●	●	●	●
	温度	○	●	●	●	●

注：●表示测试评价主要针对的指标。
　　○表示测试评价次要针对的指标。

概念定义阶段的验证目标是创新概念是否被用户接受和喜爱，而不是具体设计细节的优劣，因此被测者应当以真实用户为主。真实用户的反馈总是会有较强的主观性，所以需要优化测评流程的设计，才能够让测评结果最大程度接近用户内心真实的态度。概念原型要在重点功能方面给用户真实的体验，并且流程设计也要贴近真实场景。例如，直接问用户"你觉得可变气味的动态香氛有用吗?"，他们可能无从思考，难以回答。更好的流程是，先播放下雨的声音和画面，再将座舱中的气味切换为清新绿植的香味，然后问用户"你是否需要这样的动态香氛"。

快速概念原型的测试台架通常由一个简易的座舱框架和一套驾驶模拟器构成，如图 12.3 所示。座舱框架中拥有与实车尺寸位置接近的座椅、方向盘，以及用于展示概念原型的屏幕，一般为平板电脑。被测者一边进行模拟驾驶，一边操作屏幕中的界面，以达到与真实驾车环境相似的沉浸式体验感。快速概念原型的测试也可以在 VR（虚拟现实）环境中进行。VR 环境可以还原出车辆完整的内饰环境，使体验的真实感更好。但是需要注意，即便是 8K 的 VR 眼镜，角分辨率依然有限，难以清晰地展示出中控屏和仪表屏上尺寸较小的元素。因此 VR 眼镜不适合那些需要用户大量阅读小尺寸文字的测试。

图 12.3　快速概念原型测试台架

12.2.2　交互设计/界面设计阶段

在各种概念定义清楚之后，就要进入交互设计和界面设计（UX 和 UI 设计）阶段。在这些设计完成之后，软件开发全面开始之前，可以先用快速便捷的手段开发高保真原型，进行设计验证。汽车人机交互的高保真原型通常包括屏幕界面中所有的页面和所有的元素，并可按照真实的交互逻辑进行操作。相比实车的人机交互系统，高保真原型在动效上有所简化，并且不能与车辆电器进行通信。高保真原型通常运行在计算机或平板电脑上，而非真实的车机系统硬件上。

高保真原型的测试评价目标是对交互设计与界面设计进行完整、全面的验证，包括界面布局、交互逻辑、视觉风格、元素细节、元素尺寸、多屏联动效果等。交互设计中的创新点应该在这个阶段被重点验证，例如多指滑动拉出某个界面，是否如想象中那么好用。此外，这个阶段还要特别关注屏幕摆放位置与界面元素布局的关系，例如同样是中控屏的下边缘范围，对于安装位置较高的屏幕而言是容易被手指触摸到的，而对于安装位置较低的屏幕则可能不容易被触摸到。

与快速概念原型相比，高保真原型测评中需要的评价指标更多地侧重于认知部分，同时对高效性和安全性中的部分指标也有所涉及，见表12.2。高保真原型还不适合进行完整的高效性与安全性测评。由于高保真原型所使用的屏幕硬件与运算平台都与实车完全不同，触摸灵敏度、系统反应速度都与实车有很大的区别，常常难以流畅地还原出实车交互体验的流程。此外，高保真原型的语音控制通常也不会与实车使用相同的后台。

高保真原型的被测者可以采用真实用户与专家相结合的分布。真实用户可以说出对各个模块的总体主观感受，并找出原型中显著的亮点和缺陷。专家则可以更准确地将设计缺陷定位，并提出改进优化的建议。

高保真原型可以与快速概念原型使用相同的测试台架，也可以使用封闭或半封闭座舱的驾驶模拟器台架。这类座舱台架通常由真实车辆改装而来，使用实车的车身、车门、中控台、座椅等部件，并且可以将高保真原型的屏幕安装在座舱内，从而还原更加真实的沉浸体验，如图12.4所示。无论使用哪种台架，都应当尽可能地将屏幕安装在与未来量产实车相同的位置，从而考察页面元素分布是否容易被手指触及。

图12.4　高保真原型的座舱测试台架（车外为模拟驾驶环境）

12.2.3 样件/原型车验证阶段

在人机交互系统软件和硬件开发基本完成之后，就可以对样机进行测试。样机通常包括与量产车相同的屏幕、主机、传声器等硬件，以及运行在实车主机上的软件系统。将样机安装在试制车或量产车上，就是汽车人机交互测试的原型车。原型车可以在真实道路上行驶，其人机交互系统会与车内电器、云端后台相连，实现与量产车基本一致的功能。

样件和原型车的测试评价目标是对人机交互系统软件和硬件进行完整、全面的验证。样件和原型车应该实现所有的设计目标，并且确保所有的软件和硬件拥有良好的兼容性，能够高效、稳定地运行。这个阶段发现的问题点需要按照重要程度和改进的工作量进行分类。那些重要的、工作量可控的问题，应当立即进行整改，确保在车辆上市之前全部完成。而那些重要性较低的、工作量较大的问题，也可以考虑在上市之后的软件升级中再进行改进。

对于功能完善的原型车，测试评价可以使用全部的评价指标。而对于尚未装车的样件，则无法进行与驾驶相关的评价指标测试，见表 12.2。如果样件可以及时装车，那么应该将更多的精力放在原型车的测试上，而对样件的测试则可以只侧重于有用性中的相关指标。

样件和原型车的测试通常由专业测试人员完成。这个阶段的测评重心已经不再是寻找人机交互系统的设计亮点以及获得用户的总体反馈。专业测试人员应当细心寻找所有微小的设计缺陷，并按照严格而复杂的标准化流程进行定量的评价。不过，如果一款产品没有在概念定义阶段和交互设计/界面设计阶段的测评中引入真实用户，也可以考虑在这个阶段进行弥补，只是此时用户提出的很多建议可能都来不及在车辆上市之前进行修改了。

样件的测试可以与快速概念原型使用相同的台架。如果只测试有用性相关的指标，也可以使用不含驾驶模拟功能的简易台架。原型车的测试主要使用实车驾驶模拟台架，少数评价指标还需要真实道路测试。实车驾驶模拟台架在 2.2 节中有详细介绍。

12.2.4 量产车对标阶段

在车辆上市销售之后，可以对量产车的人机交互系统进行全面的测评，并与竞争产品进行对标。量产车测试评价的目的是全面验证人机交互系统的表现，确定自身在当前市场竞争环境下所处的位置，了解与竞品相比的优势和劣势，给产品的营销宣传提供支撑，并且为企业的后续研发提供指导。

　　对量产车的测试评价方法与原型车基本相同。它们都会使用全部的评价指标，见表 12.2。测试过程主要使用实车驾驶模拟台架，少数评价指标还需要真实道路测试。测试评价工作通常由专业测试人员完成。二者的差异主要在于测评结果的用途不同。原型车测评是为了发现问题，并在产品上市之前进行整改。量产车测评则通常不再会发现显著的产品缺陷，而主要是为了了解自身产品在市场上的位置。量产车的总体对标过程也可以引入真实用户进行深度访谈，但这类调研的重点通常不是人机交互系统，也不会让用户对人机交互系统提出全面而系统性的反馈，这里就不再赘述。

12.3　如何避免"假装"数字化

　　汽车人机交互评价体系不仅可以用来评价阶段性的原型或完整的系统，还可以在产品创新思路上给设计和研发者提供思考框架，从人机交互系统设计和研发的起点开始，指导整个流程朝着正确的方向运行。

　　近年来，智能化已经成为汽车座舱最重要的发展趋势。数字化是实现智能化的重要手段，也是很多汽车座舱的设计目标方向。狭义的数字化是将座舱内外的各种功能和信息转换为计算机编码，彼此联通，协同运转。例如，电子后视镜就是将车外实景转换为图像信号，显示在车内的屏幕上。广义的数字化还需要增强用户对车辆数字化水平的感知。例如更大的屏幕、更窄的边框都可以提升用户对车辆总体数字化水平的印象。

　　在汽车座舱智能化、数字化越来越重要的背景下，创新的人机交互设计层出不穷。究竟哪些设计能够真正提升用户的体验和价值？而哪些设计只是为了数字化而数字化，或者说是在"假装"数字化呢？这些问题的讨论有时会让人无从下手。汽车人机交互评价体系可以给设计和研发者提供两条易于实际操作的判断原则：

　　● 一项创新的人机交互设计需要对 7 个一级评价指标中的至少一个产生显著的提升。否则，这个创新设计就无法为用户带来真实价值，有可能是在背离体验而堆积技术。

　　● 一项创新的人机交互设计在带来某些一级指标提升的同时，有可能对另一些其他的指标产生负面影响。设计者应当根据品牌定位、用户场景等因素来进行判断和取舍，再决定是否引入这项创新的设计。

例如，很多企业在定义汽车座舱的时候都会遇到类似这样的问题：是否应当用触摸式按键替代传统的物理按键，用来调整空调温度？如果没有固定的思考框架，设计研发团队在讨论这个问题的时候可能会从不同的视角出发，难以快速达成共识。而有了人机交互评价体系的框架，大家就可以基于7个一级指标进行分析：在有用性方面，触摸式按键如果不灵敏可能会造成任务成功率下降，但这可以通过提升硬件水平来克服。在安全性和高效性方面，触摸式按键没有按压行程，需要用户更多的视觉观察来确认状态，会造成更多的驾驶分心，并带来更长的操作时间。在认知方面，触摸式按键本身没有触觉反馈，但可以通过增加振动来模拟按压的感觉。在审美方面，触摸式按键可能会提升科技感。而在智能和价值方面，触摸式按键不会带来显著的影响。在这样的分析之后，就可以把是否采用触摸式按键这个笼统的问题转变为3个更加具体、更加容易判断的问题：第一，对于产品的目标用户，触摸式按键的设计是否可以提升科技感，提升的程度有多少。这个可以通过调研来得到。第二，触摸式按键对安全性、高效性、认知等方面的潜在不良影响最小可以控制到什么程度。第三，为了在科技感方面的提升，是否能够接受触摸式按键在其他方面的不足。通过这3个问题，不同的企业、不同的产品会找到各自的答案。

12.4　汽车体验评价的未来拓展方向

汽车智能化的浪潮滚滚向前。本书所介绍的汽车人机交互评价体系只是对汽车体验评价的一个起点。未来，汽车体验评价还会朝着更多方向不断发展。本书所介绍的三维正交评价体系框架和各个评价指标的定义都可以作为评价新方向的参考。

自动驾驶（包括高级驾驶辅助）是汽车智能化的另一个重要方向。自动驾驶不仅需要灵敏的传感器、高效的算法、强大的算力，同时也需要与驾驶员进行交互。自动驾驶的交互体验主要包括三个部分。第一是自动驾驶功能的控制，包括分阶段开启自动驾驶、设置目标车速、指引车辆变道、自动驾驶暂停后重新启动等。第二是显示周围路况和自动驾驶的工作状态，包括周围车辆和行人等交通参与者的位置、固定的障碍物、各方向的潜在危险程度等。第三是自动驾驶在紧急情况下的提醒与干预，包括各个方向的碰撞预警、提醒驾驶员尽快接管、自动制动等。自动驾驶的交互体验需要为驾驶员建立足够的信任感，简化操作流程，确保指令输入绝对可靠，避免误操作，并实时清晰地展现交互状态。

前排乘客和后排乘客的交互体验正在成为车内人机交互的重要组成部分。常见的乘客交互功能包括听音乐、看视频、玩游戏、唱卡拉 OK、查找导航目的地、浏览沿途兴趣点等。乘客无需驾车，在使用人机交互系统时可以全神贯注，所以不必评价乘客交互的安全性，其高效性也不那么重要。因此，对乘客交互体验的评价指标更接近其他消费电子产品，而不是针对驾驶员的交互评价。由于多名乘客与驾驶员共处一个狭小的空间，对乘客交互的评价还需要考虑减少对乘员之间的干扰。例如，副驾屏可使用防窥膜避免驾驶员在驾车过程中观看，车内传声器可以使用声源定位技术来辨别是哪位乘员在输入语音指令。

汽车人机交互的对象不仅是车内的乘员，也可以是车外的行人和其他车辆的驾驶员。车辆可以向车外人员发出交通引导的信息，例如请行人优先过马路，也可以展示一些有趣的文字和图案。车外交互的信息可以通过可编程灯光直接显示出来，也可以通过矩阵前照灯投射在地面上，或者通过车外扬声器播放出来。车外交互需要让车外人员在第一次见到交互信息时就能够迅速理解，同时也应该让驾驶员可以随时了解车外交互正在展示的内容，并且方便地进行开关与切换。车外交互目前尚处于发展初期，已量产的车型数量很少，因此未来的发展路径还不清晰，暂时难以制定全面而系统性的评价指标。

附录

关键词语中英文对照表

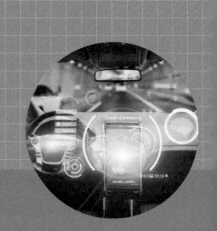

人机交互	Human machine interaction，HMI
汽车人机交互	Automotive human machine interaction
智能汽车	Intelligent vehicle
功能性	Functionality
可用性	Usability
可想象性	Imaginability
用户体验	User experience
驾驶分心	Driver distraction
评价体系	**Evaluation system**
三维正交评价体系	3-dimension orthogonal evaluation system
交互任务	Interaction task
交互模态	Interaction modality
中控按键	Central console buttons
中控屏/触摸屏	Central information display/touch screen
方向盘按键	Steering wheel buttons
语音控制	Voice control
评价条目	Evaluation item
测试用例	Test case
评价指标	**Evaluation indexes**
有用性	Utility

功能支持	Availability
任务成功率	Task success rate
可触及性	Reachability
稳定性	Stability
模态增强	Modality enhancement
安全性	Safety
驾驶保持	Driving performance maintaining
突发事件响应	Emergency response
视线偏移	Visual distraction
功能限制	Function restriction
高效性	Efficiency
任务时间	Task time
操作复杂度	Operation complexity
认知	Cognition
逻辑结构	Logical structure
元素可见性	Visibility of elements
元素可理解性	Understandability of elements
元素可记忆性	Memorability of elements
系统反馈	System feedback
智能	Intelligence
理解力	Comprehension
功能智能	Functional intelligence
场景智能	Context intelligence
价值	Value
陪伴	Companionship
荣耀	Honor
惊喜	Surprise and delight
安心可靠	Reliability
审美	Aesthetics
科技感	Sense of technology
豪华感	Sense of luxury
简约	Simplicity

温度	Warmth

测试方法 **Test method**

驾驶模拟	Driving simulation
驾驶模拟器	Driving simulator
自然驾驶研究	Naturalistic driving study
实路操作测试	Field operational test
眼动仪	Eye tracker
检查清单	Check list

座舱功能与设计元素 **Functions and designs of cockpit**

抬头显示器	Head-up display，HUD
仪表屏	Instrument cluster display
副驾屏	Copilot display
小组件（中控屏界面内的）	Widget
语音助手形象	Avatar

参 考 文 献

[1] HEWETT, BAECKER, CARD, et al. ACM SIGCHI curricula for human-computer interaction [M]. [S. l.]: ACM SIGCHI, 2014.

[2] 亿欧智库. 2021 中国汽车座舱智能化发展市场需求研究报告 [Z]. 2022.

[3] 工业和信息化部, 公安部, 交通运输部. 智能网联汽车道路测试管理规范 (试行) [Z]. 2018.

[4] 工业和信息化部. 车联网 (智能网联汽车) 产业发展行动计划 [Z]. 2018.

[5] 国家发改委, 科技部, 工业和信息化部, 等. 智能汽车创新发展战略 [Z]. 2020.

[6] 大搜车智云, 百度指数, 百度营销. 2021 年新能源乘用车白皮书 [Z]. 2022.

[7] WALKER G, STANTON N, SALMON P. Human factors in automotive engineering and technology [M]. [s. n.]: CRC Press. 2015.

[8] STANTON A, YOUNG S. A proposed psychological model of driving automation [J]. Theoretical Issues in Ergonomics Science, 2000, 1, 315-331.

[9] PARNELL K, STANTON N, PLANT K. Driver distraction [M]. [s. n.]: CRC Press. 2019.

[10] HARTSON H R. Human-computer interaction: Interdisciplinary roots and trends [J]. Journal of Systems and Software, 1998, 43 (2): 103-118.

[11] NIELSEN J. Usability engineering [M]. San Diego: Academic Press, 1992.

[12] Ergonomics of human-system interaction-Part 210: Human-centred design for interactive systems: ISO 9241-210: 2019 [S].

[13] WEINSCHENK S, BARKER D T. Designing effective speech interfaces [M]. [s. n.]: Designing effective speech interfaces, 2000.

[14] GERHARDT-POWALS J. Cognitive engineering principles for enhancing human-computer performance [J]. In international journal of human-computer interaction, 1996, 8 (2): 189-211.

[15] BANGOR Z F, KORTUM A, MILLER J T. An empirical evaluation of the System Usability Scale [J]. International Journal of Human-Computer Interaction, 2008, 24, 574-594.

[16] SAURO Z G, LEWIS J R. Quantifying the user experience: Practical statistics for user research (2nd ed.) [M]. Cambridge, MA: Morgan Kaufmann, 2016.

[17] SCHMITT N. Uses and abuses of coefficient alpha [J]. Psychological Assessment, 1996, 8 (4): 350-353.

[18] FENG F, BA O S, SAYER J R, et al. Can vehicle longitudinal jerk be used to identify aggressive drivers? An examination using naturalistic driving data [J]. Accident Analysis and Preven-

tion, 2017, 104: 125-136.

[19] Road vehicles—Transport information and control systems—Detection-response task (DRT) for assessing attentional effects of cognitive load in driving: ISO 17488: 2016 [S].

[20] YE M, OSMAN O A, LSHAK S, et al. Detection of driver engagement in secondary tasks from observed naturalistic driving behavior [J]. Accident Analysis and Prevention, 2017, 106: 385-391.

[21] AL-SULTAN S, AL-BAYATTI A H, ZEDAN H. Context-aware driver behavior detection system in intelligent transportation systems [J]. IEEE Transactions on Vehicular Technology, 2013, 62 (9): 4264-4275.

[22] TAWFEEK M H, BASYOUNY K E. A perceptual forward collision warning model using naturalistic driving data [J]. Canadian Journal of Civil Engineering, 2018, 45 (10): 899-907.

[23] YOUNG K L, OSBORNE R, GRZEBIETA R, et al. Using naturalistic driving data to examine how drivers share attention when engaging in secondary tasks [J]. Safety Science, 2020, 129: 104841.

[24] SANTOS J, MERAT N, MOUTA S, et al. The interaction between driving and in-vehicle information systems [J]. Transportation Research Part F Psychology & Behaviour, 2015, 8 (2): 135-146.

[25] PALMER, STEPHEN E. Vision Science: Photons to Phenomenology [J]. Quarterly Review of Biology, 1999, 77 (4): 233-234.

[26] XIAOMENG L, ATIYEH V, SEBASTIEN D, et al. Effects of an in-vehicle eco-safe driving system on drivers' glance behaviour [J]. Accident Analysis & Prevention, 2019, 122: 143-152.

[27] GRAHN H, KUJALA T. Impacts of touch screen size, user Interface design, and subtask boundaries on in-Car task's visual demand and driver distraction [J]. International Journal of Human-Computer Studies, 2020, 142: 102467.

[28] METZ B, SCHOCH S, JUST M, et al. How do drivers interact with navigation systems in real life conditions? [J]. Transportation Research Part F Traffic Psychology & Behaviour, 2014, 24 (5): 146-157.

[29] 博伊科. 眼动追踪用户体验优化操作指南 [M]. 葛缨, 何吉波, 译. 北京: 人民邮电出版社, 2019.

[30] 闫国利, 白学军. 眼动分析技术的基础与应用 [M]. 北京: 北京师范大学出版社, 2018.

[31] JAMES R. Lewis, Assessing user experience (UX) with two items: the UMUX-LITE [Z]. 2019.

[32] 樽本徹也. 用户体验与可用性测试 [M]. 陈啸, 译. 北京: 人民邮电出版社, 2015.

[33] 赫拉利. 人类简史: 从动物到上帝 [M]. 林俊宏, 译. 北京: 中信出版集团, 2014.

［34］ 安德森. 想象的共同体 ［M］. 吴睿人，译. 上海：上海人民出版社，2005.

［35］ FAHY J，JOBBER D. Foundations of marketing ［M］. ［s. n. ］：McGraw Hill Education，2015.

［36］ Road vehicles—Ergonomic aspects of transport information and control systems—Simulated lane change test to assess in-vehicle secondary task demand：ISO 26022：2010 ［S］.

［37］ Driver hand control reach：SAE J 287：2007 ［S］.

［38］ Motor vehicle driver and passenger head position：SAE J1052：1997 ［S］.

［39］ Devices for use in defining and measuring vehicle seating accommodation：SAE J826：2008 ［S］.

［40］ YAO Y，ZHZO X，DU H，et al. Classification of distracted driving based on visual features and behavior data using a random forest method ［J］. Transportation Research Record，2018，2672（45）：210-221.

［41］ NÉE M，CONTRAND B，ORRIOLS L，et al. Road safety and distraction，results from a responsibility case-control study among a sample of road users interviewed at the emergency room ［J］. Accident analysis and prevention，2019，122：19-24.

［42］ STUTTS J C，REINFURT D W，STAPLIN L，et al. The role of driver distraction in traffic crashes ［R］. Chapel Hill：University of North Caroline Highway Safety Research Center，2001.

［43］ REGAN M，VICTOR T，LEE J. Driver distraction and inattention：advances in research and countermeasures volume I ［M］. ［s. n. ］：Taylor & Francis，2013.

［44］ MCEVOY S P，STEVENSON M R，WOODWARD M. The impact of driver distraction on road safety：results from a representative survey in two Australian states ［J］. Injury Prevention：Journal of the International Society for Child and Adolescent Injury Prevention，2006，12（4）：242-247.

［45］ HUEMER A K，SCHUMACHER M，MENNECKE M，et al. Systematic review of observational studies on secondary task engagement while driving ［J］. Accident Analysis and Prevention，2018，119（5）：225-236.

［46］ METZ B，LANDAU A，JUST M. Frequency of secondary tasks in driving-Results from naturalistic driving data ［J］. Safety Science，2014，68：195-203.

［47］ SAYER J R，DEVONSHIRE J M，FLANNAGAN C A. The effects of secondary tasks on naturalistic driving performance ［R］. Ann Arbor，Michigan：The University of Michigan，2005.

［48］ CRUNDALL E，LARGE D R，BURNETT G. A driving simulator study to explore the effects of text size on the visual demand of in-vehicle displays ［J］. Displays，2016，43：23-29.

［49］ CHOUDHARY P. Mobile phone use during driving：effects on speed reduction and effectiveness of compensatory behaviour ［J］. Accident Analysis and Prevention，2017，106（6）：370-378.

［50］ STRAYER D L，WATSON J M，DREWS F A. Cognitive distraction while multitasking in the automobile [J]. Psychology of Learning and Motivation - Advances in Research and Theory, 2011, 54 (54): 29-58.

[51] YOUNG K L, SALMON P M. Examining the relationship between driver distraction and driving errors: A discussion of theory, studies and methods [J]. Safety Science, 2012, 50 (2): 165-174.

[52] HOFMANN H, TOBISCH V, EHRLICH U, et al. Evaluation of speech-based HMI concepts for information exchange tasks: A driving simulator study [J]. Computer Speech Language, 2015 33 (1): 109-135.

[53] LIANG Y, LEE J D. Combining cognitive and visual distraction: Less than the sum of its parts [J]. Accident Analysis and Prevention, 2010, 42 (3): 881-890.

[54] GASPAR J G, CITY I, WARD N, et al. Measuring the useful field of view during simulated driving with gaze-contingent displays [J]. Human Factors, 2016, 58 (4): 630-641.

[55] LI P, MERAT N, ZHENG Z, et al. Does cognitive distraction improve or degrade lane keeping performance? Analysis of time-to-line crossing safety margins [J]. Transportation Research Part F: Psychology and Behaviour, 2018, 57: 48-58.

[56] ROSENTHAL T J. STISIM drive user's manual [Z]. 1999.

[57] MUHRER E, VOLLRATH M. The effect of visual and cognitive distraction on driver's anticipation in a simulated car following scenario [J]. Transportation Research Part F: Psychology and Behaviour, 2011, 14: 555-566.

[58] KOUNTOURIOTIS G K, SPYRIDAKOS P, CARSTEN O M J, et al. Identifying cognitive distraction using steering wheel reversal rates [J]. Accident Analysis and Prevention, 2016, 96: 39-45.

[59] ENGSTRÖM J, MARKKULA G, VICTOR T, et al. Effects of cognitive load on driving performance: the cognitive control hypothesis [J]. Human Factors, 2017, 59 (5): 734-764.

[60] METZ B, SCHOCH S, JUST M, et al. How do drivers interact with navigation systems in real life conditions [J] Transportation Research Part F: Psychology and Behaviour, 2014, 24: 146-157.

[61] JIN L, XIAN H, NIU Q, et al. Research on safety evaluation model for in-vehicle secondary task driving [J]. Accident Analysis and Prevention, 2015, 81: 243-250.

[62] LIBBY D, CHAPARRO A, HE J. Distracted while driving: a comparison of the effects of texting and talking on a cell phone [J]. Proceedings of the Human Factors and Ergonomics Society Annual Meeting, 2013, 57 (1): 1874-1878.

[63] MINDERHOUD M, BOVY P. Extended time-to-collision measures for road traffic safety assess-

ment［J］. Accident Analysis and Prevention, 2001, 33：89-97.

［64］ AAM. Statement of principles, criteria and verification procedures on driver interactions with advanced In-vehicle information and communication Systems［Z］. 2006.

［65］ 龚在研. 车载 HMI 驾驶分心测试评价与优化设计方法［D］. 上海：同济大学，2020.

［66］ Road vehicles—Measurement and analysis of driver visual behaviour with respect to transport information and control systems：ISO 15007：2020［S］.

［67］ Tobii Technology. The tobii I-VT fixation filter algorithm description［Z］. 2012.

［68］ KOMOGORTSEV O V, GOBERT D V, JAYARATHNA S, et al. Standardization of automated analyses of oculomotor fixation and saccadic behaviors［J］. Biomedical Engineering, IEEE Reviews in, 2010, 57（11）：2635-2645.

［69］ JARKKO S, KAI P, JAANA S, et al. Inferring relevance from eye movements：feature extraction［Z］. 2005.

［70］ 马特林. 认知心理学：理论、研究和应用［M］. 李永娜，译. 北京：机械工业出版社，2016.

［71］ 戈尔茨坦. 认知心理学：心智、研究与你的生活［M］. 张明，译. 北京：中国轻工业出版社，2015.

［72］ 西蒙. 认知：人行为背后的思维与智能［M］. 荆其诚，张厚粲，译. 北京：中国人民大学出版社，2020.

［73］ U. S. Department of transportation. In-vehicle display icons and other information elements volume I：guidelines［Z］. 2004.

［74］ NHTSA. human factors design guidance for driver-vehicle interfaces［Z］. 2016.

［75］ Road vehicles—symbols for controls, indicators and tell-tales：ISO 2575：2021［S］.

［76］ WECHSLER D. The measurement of adult intelligence［M］.［s.n.］：Williams & Wilkins Co, 1939.

［77］ 霍尔. 对话式交互设计原则与实践［M］. 周轩，龙嘉裕，译. 北京：清华大学出版社，2019.

［78］ HOFSTEDE G, HOFSTEDE G J, MINKOV M. Culture and organizations：software of the mind［M］. 3rd ed.［s.n.］：McGraw-Hill, 2010.

［79］ 霍夫斯泰德，霍夫斯泰德. 文化与组织：心理软件的力量（第二版）［M］. 李原，孙健敏，译. 北京：中国人民大学出版社，2010.

［80］ WURSTEN H. The 7 mental images of national culture［M］.［s.n.］：Hofstede Insights, 2019.

［81］ 科恩，雅各布斯. 跨国谈判本土化战略［M］. 王凯华，译. 上海：复旦大学出版社，2019.

［82］ 施密特. 经济学思想中的不确定性［M］. 刘尚希，译. 北京：人民出版社，2020.

［83］ WARTER L V, WARTER L L. Intercultural issues in the global auto industry［M］.［s.n.］：

Nova Science Publishers，2021.

［84］ 林崇德. 心理学大辞典［M］. 上海：上海教育出版社，2003.

［85］ NOAM T. Aesthetics and apparent usability：Empirically assessing cultural and methodological issues［Z］. 1997.

［86］ THÜRING M，SASCHA M. Usability，aesthetics and emotions in human-technology interaction［J］. International Journal of Psychology，2007，42（4）：253-264.

［87］ CYR D，HEAD M，IVANOV A. Design aesthetics leading to m-loyalty in mobile commerce［J］. Information & Management，2006，43（8）：950-963.